大人になっても 思春期な女子たち

心理カウンセラー
大美賀直子

青春出版社

はじめに

「もうすぐ30歳。働いてプライベートを楽しんで、という生活をそこそこ楽しんでいます。けれど、心のなかにむなしさが募っていくんです」

「30代。充実しているけれど、将来も今の延長でいいとは思えません。それなのに、ずるずる現状を続けてしまいます……」

これらの声は、私が女性からの悩み相談を受けるなかでよく聞くものです。

とくに20代後半以上の独身女性のカウンセリングをすると、現状へのモヤモヤ感、将来への不安を抱えている人が多いことを実感します。

私は日ごろ心理カウンセラーとして、さまざまな状況に置かれる方の悩みに耳を傾け、ご自身がいちばん納得する答えにたどりつけるようアドバイスしています。公認心理師、精神保健福祉士などの国家資格をもち、講演、執筆活動などもおこなっています。

本書は、**物語を読むことで問題解決の糸口が見えてくる「カウンセリング小説」**です。主人公は、大人になりきれない独身女子３人。彼女たちが、ある偶然から不思議な雑貨店店主（じつは心理カウンセラー）と出会い、自分の心と対話をしながら〝大人の女性〟へと生まれ変わる――というプロセスを描いています。

ファンタジーのような展開ですが、登場人物の設定やエピソードは、私が実際に20代後半以上の独身女性たちからよく聞く悩みを集約したものです。

自分の力で生計を維持し、経済的には自立している。

趣味をもち、気の合う仲間との関係を楽しみ、「まあまあ幸せ」と言える。

それなのに、むなしい気持ちがわき、不安やモヤモヤ感が増えてしまうのはなぜか。

〝思春期〟のような宙ぶらりんの気持ちを抱えながら、出口を見失う女性たち。

彼女たちが**今、向きあうべき自分の課題に気づき、自己を成長させていく**ことの後押しができたら――。そんな思いでこの本を書きました。

各章は、**「ミラクルさんの心理学講座（理論解説）」「カウンセリング」「解決方法（ワーク）」の3パート**に分かれています。

理論解説・カウンセリングパートは、おもに心理学（発達心理学、深層心理学など）の概念を軸にしています。そこへ私自身のカウンセリング経験をもとにした解釈やオリジナルの理論も加えて、女性の心の成長に役立つ情報をお伝えします。専門用語も出てきますが、なるべく平易な言葉で解説を加えました。

解決方法パートでは、読者も体験できるように、書き込み式ワークシートなどを掲載。また、もっと学びを深めたいという方へ、巻末におすすめ図書を収録しました。

現状を変えたいと思ったとき、書店へ行くと「自己肯定感を上げる○○の方法」「もっと愛される○○の魔法」「人生を変える○○な仕事術」などといった本がたくさん見つかります。けれど、どの本も自分にはしっくりこない……。もっと心の深い部分と向きあってみたい……。そんな場面で、本書が役立つかもしれません。

ぜひ、カウンセリングを通じた3人の女性たちの成長物語を、楽しみながらお読みいただけたら幸いです。

プロローグ――ある雨の夜、小さな雑貨店で

金曜の夜、時計の針が10時を回ったころ、突然稲妻が走り、雷鳴がとどろいた。激しい雨が都会の街を襲い、ひとりの女性が雨宿りできるところを探して、右往左往していた。

彼女の目に留まったのが、「ミラクル」という小さな店の看板。白壁に赤い窓枠、壁に緑の蔦《つた》がからまる、まるでおとぎ話に出てくるようなファンシーショップだ。

「夜更けに、どうしてこんなかわいい店があいてるのかな？」

重い扉をあけて中に入ると、乙女心をくすぐる懐かしい感じの雑貨がいっぱい。

「わぁ！　このチャーム。中学生のころに集めてたのとそっくり！」

彼女の胸がキュンとなっていたところに、奥から女性店主が顔をのぞかせた。

Fancy Shop
ミラクル
OPEN

「いらっしゃい。突然すごい雨が降ってきたわね」

ターバンでまとめた長い髪と紺色のドレス、切れ長の目が印象的な、まるで魔女みたいな女性が、ほほえみながら彼女を迎えた。

「すみません、少し雨宿りしていいですか？」と、女性は恐る恐る尋ねた。

「大変！　ずいぶん濡《ぬ》れてるじゃない」


そのとき、さらに２人の女性が立てつづけに店に駆け込んできた。

「すみません！　あの、雨宿りさせてください！」

店主は彼女たちも招き入れ、タオルを渡した。

「雨、どんどん激しくなりますね」「どうしよう、電車も止まってしまったみたい」

「まずは落ち着いて。これでも飲んで温まってね」

あたふたする３人に店主は椅子を勧め、ハーブティーを淹《い》れた。

「カモミールとジャスミン、あとはなんの茶葉だろう？　どこか懐かしいような、でも嗅《か》いだことのない不思議な香り……」

３人がハーブティーを口に含むと、胸の奥にある塊《かたまり》がふんわりと溶けていくような、

プロローグ

不思議な感覚になった。

「ずいぶん遅いのね。仕事の帰り？」

店主の質問に2人はうなずき、ひとりは仕事の後に映画を観てきた帰りだと答えた。

「雨が少しおさまるまで、ゆっくり過ごしていってね」

「でも……お店、いいんですか？」

「いいわよ。もうお客さんも来ないだろうし」

「ニャ～」――そのとき、店の奥から一匹の猫が顔を出した。

「うわぁ黒猫だ。かわいい‼」「なんて名前ですか？」

「〝マジカル〟。私の相棒よ」

「ミラクルに黒猫のマジカル⁉」「まるで魔法使いですね！」

3人がクスクス笑いながらマジカルの背中や耳の裏をなでると、猫はゴロゴロと喉を鳴らした。

「私のことはみんな〝ミラクルさん〟って呼んでくれるの。よかったら、みなさんのことも聞かせてくれる？」

ミラクル

ファンシーショップ「ミラクル」の店主。女性の心理に詳しく、心理カウンセラーとしての顔ももつ。

マジカル

ミラクルの相棒。オスの黒猫。人の話にじっと耳を傾ける哲学者ふうの猫。

登場人物

のぞみ

近くの中学校で働く教師。
日々の癒しは、アイドルK
くんを熱心に応援すること。

めぐみ

小さな広告代理店の営業職。
親友との「お泊り女子会」が
週末の楽しみだったが…。

みのり

公益団体で働く事務職員。
時間とお金のほぼすべてを
趣味に注ぐアニメオタク。

「最初に来てくれたのが、のぞみさん。その後に来てくれたのが、めぐみさんとみのりさんね。ようこそいらっしゃいました」

自己紹介が終わると、彼女たちは店内をめぐり、雑貨を手に取って眺めながら過ごした。

「ミラクルさんのお店、乙女心が刺激されてキュンとしちゃう」

「中学生のころ、似た雰囲気のファンシーショップによく通ってたなぁ」

「うんうん、キャラクターもののノートとかペンとか、友だちとおそろいで集めてた！」

ミラクルは、胸をときめかせて語りあう彼女たちを温かいまなざしで見つめながら、ふと、こうつぶやいた。

「ねえ、ちょっと想像してみて。

中学生のころのあなたたちが

今、入り口から駆け込んできて、今の自分にばったり出会うの。

「そのとき、どんなミラクルが起こるでしょうね？」


「うーん……」

3人は目を丸くして、しばらく押し黙ってしまった。

「『まだ中二病が続いてるの？』って心配されそう」

「『忙しいだけで、全然キラキラしてない！』って、がっかりされるかも」

「『あなたが十数年後の自分⁉』なんて言われたらいやだな……」

3人はシュンとして下を向き、ティーカップに口をつけた。そんな彼女たちの足元に黒猫のマジカルがすり寄り、低い声で鳴いた。

「ごめんなさい、余計な質問だったわね。でも、今言葉に詰まったことには、何かとても深い意味があるように思うの。ひょっとしたら〝大人の思春期〟ならではの憂うつ感……なのかな？」


「大人の思春期⁉」

3人は不思議そうに顔を見合わせた。

そのとき窓から稲光が射しこみ、再び雷鳴がとどろいた。

「また雷だぁ！」

「雨足がどんどん強くなるね」

「電車はいつ動き出すのかなぁ」

不安になる彼女たちに、ミラクルは尋ねた。

「明日は土曜日だけど、仕事はお休み？　私は今夜、ここに泊まるしかないわ。みんなもよかったら、朝までお茶会でもしていかない？」

ミラクルの提案に3人は目を輝かせて、口々にこう言った。

「いいんですか？　夜更けにお茶会なんてワクワクしますね」

「女同士で朝までおしゃべりなんて、久しぶり」

「ミラクルさん、せっかくだからその〝大人の思春期〟について、じっくり聞かせてくれますか？」

さあ、“大人の思春期”をめぐる真夜中のお茶会が始まるニャ！　３人の女性たちが何を発見するのか。じっくり見守っていこうニャ～

目次

2章 次のステージへ進んでいくとき、〝大人のタイムカプセル〟がひらく

3章 「自分の居場所」を整えていくと〝アイデンティティ〟が見つかる

4章

大人になるには欠かせない…〝親密モラトリアム〟からの脱出

5章

未熟なタネを育てて、パートナーと〝親密〟な関係を築く

6章 大人になるための基礎を築く 〝巣立ち〟のテーマ

1章

満たされているはずなのに、どこかむなしい…“大人の思春期”

ミラクルさんの心理学講座

〝大人の思春期〟とは？

Miracle

人にはいくつになっても、心がモヤモヤして落ち着かなくなる時期があります。それは、自分の進むべき道がはっきり見えなくて、何に取り組めばいいのかわからなくなったとき。そうしたときには、たとえ仕事が充実して忙しい毎日を送っていても、どこか気分がさっぱりせず、うっすらとした不安を感じています。

20代後半以上の女性が、真の〝大人の女性〟へと脱皮する時期にも、しばしば同じことが起こります。

その時期には、10代なかばの「思春期」に似た心境になり、この時期の若者たちが不安から逃れるときに似た行動をとることが増えていきます。

「推し活」などの趣味に、全力を傾ける人もいるでしょう。

「女子会」をたびたびひらいて、似たような友だちと騒ぐ人もいるでしょう。

部屋にこもって、ゲームや動画に没頭する人も多いと思います。

“思春期”と“大人の思春期”の共通点

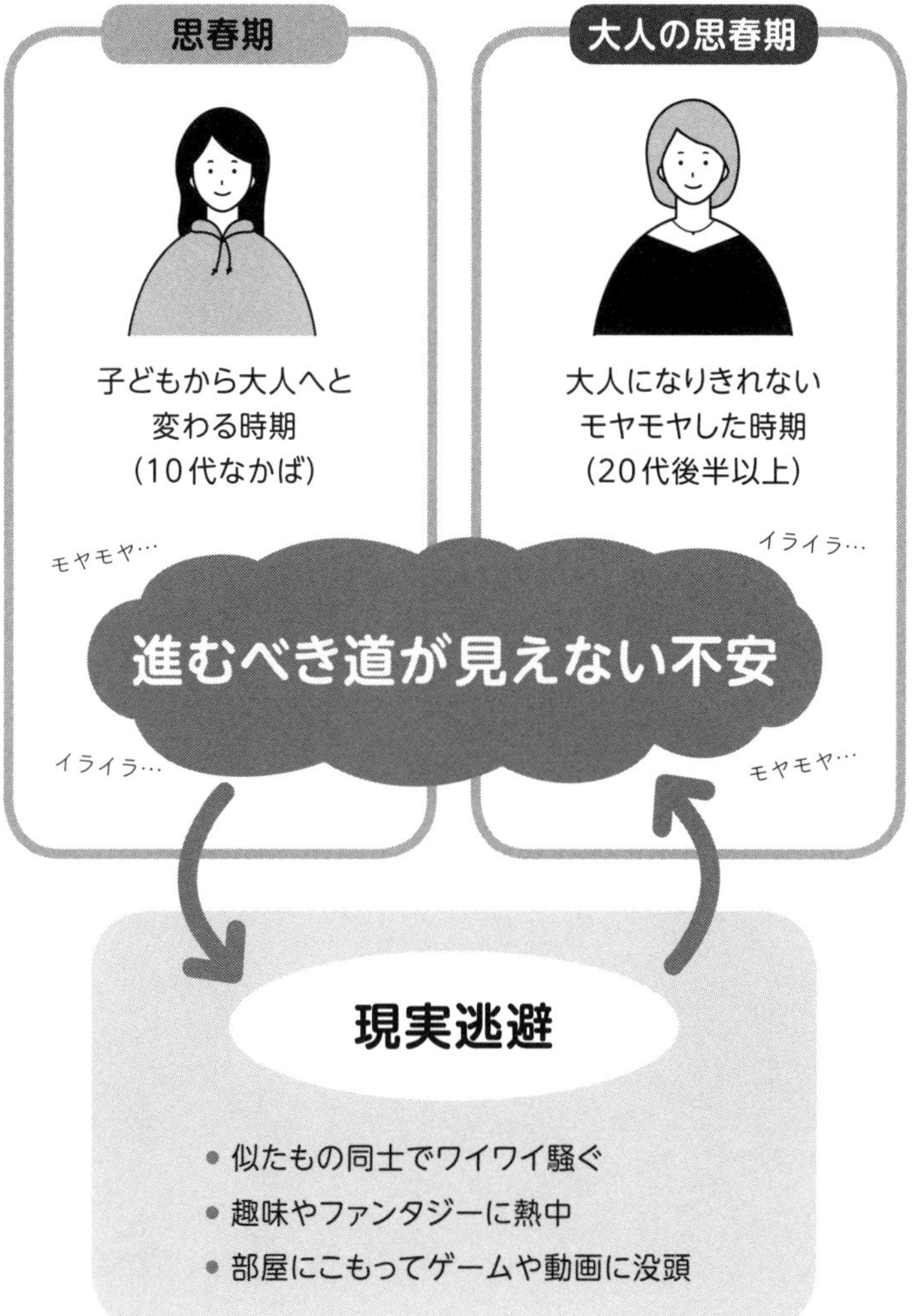

こうした時間は、不安から一時的に逃れて安心を取り戻すための大切な時間です。

でも、そこにエネルギーを費やしても、進むべき道からは遠のいたままで、根本的な不安は解消されません。

現実逃避すれば、一時的にはすっきりするでしょう。しかし、不安は根強く残ったままです。そこで現実逃避にさらにエネルギーを投入すると、「不安」と「逃避」のループにはまってしまいます。

私は、この不安定な時期を**〝大人の思春期〟**と呼び、渦中にある女性を**〝大人思春期女子〟**と呼んでいます。

〝大人思春期女子〟の傾向を知るために、次の10項目をチェックしてみましょう。条件に当てはまる場合、〝大人思春期女子〟の可能性が高いと思われます。

これって“大人の思春期”？ チェックリスト

A

- □ 20代後半以上の独身女性である
- □ このままでいいのかな、と
自分の将来への不安がしばしばわく

B

- □ プライベートでつきあう相手は、同年代の女性ばかり
- □ お金と時間の多くを、趣味や女子会に使っている
- □ 趣味や女子会を楽しんでいるのに、どこかむなしさも感じる
- □ 恋愛や婚活に興味はあるが、いまひとつ積極的に踏み込めない。あるいは、恋愛をしても相手との関係が深まらない
- □ 「自分はこう生きていく」という未来予想図が見えてこない
- □ 自分のことを周りから心配されると、
苛立ちを覚えることが多い
- □ 「5年後も今の自分の延長でいたい」とは正直思えない
- □ 現状を変えるとしても、何を変えればいいのかわからない

Aは2個すべて、かつ**B**は4個以上にチェックが入る場合、“大人思春期女子”の可能性が高いと考えられます。

3人の女性たちが語る〝大人の思春期〟な日常

ミラクルの説明を聞き、3人は目を丸くして、しばらく考え込んでいた。

「〝大人思春期女子〟……。まさに、今の私の状況かもしれません」

「このままじゃいけないと思うのに、人から指摘されると否定したくなるんだよね」

「でも、この迷宮を抜けるにはどうしたら……？」

不安な顔をする彼女たちに、ミラクルはこう言った。

「まずは〝大人の思春期〟に別れを告げて、**〝大人の女性〟になりたいと心から願うこと**が大切じゃないかな」

「そうしないと、どうなるんですか？」

「今のままでいいのかな、という不安は、何年でも続いてしまうと思うわ」

「その後は、どうしたらいいんでしょうか？」

「自分を見つめて〝大人の思春期〟に留まっている原因を探ることが必要じゃないか

しらね」

「どうやって？」

「**〝心の声〟を聴くことね**。今夜、やってみる？」

「ここでできるんですか⁉」

「〝心の声〟を聴くには、自分を振り返ることが必要よ。まずはおひとりずつ、今、どんな人生を歩み、何に不安を感じているのかを聞かせてくれる？　私は心理カウンセラーでもあるから、役に立てることがあるかもしれない」

ミラクルの提案に、3人ははにかみながら顔を見合わせた。

「人前で自分の人生を語るなんて恥ずかしい。できるかな？」

「でも、みんな優しそうだし、ここでなら話せるかも」

「……じゃあ、まずは私の話から聞いてもらえますか？」

のぞみが小さな声で口火を切り、3人の〝大人思春期物語〟が始まった。

リアルな恋愛に進めず宙ぶらりんな〝大人の思春期〟　のぞみ編

Nozomi

中学校教師として働く私は、毎日仕事に追われ、家に帰ったら疲れて寝るだけの日々。教えることは好きだけど、忙しいばかりで全然癒されてないな、って感じてました。

そんなある日のこと。田舎の祖母の家に行った帰りに、新幹線の上りホームで、Ｋくんを見かけたんです。Ｋくんは、20代の人気アイドルグループのメンバーで、テレビで見て何となく知ってましたが、リアルで見ると華奢《きゃしゃ》ですごく端正な顔立ち。一瞬で胸がときめいてしまいました。

しかも「コンサートの予定もないのに、なぜここに？　このへんが地元なのかな」と妙な親近感がわいてきて……。「これは運命の出会いかも！」なんて妄想がどんどん広がり、**気がつけば「推し活」にのめりこむようになりました**。それからは、仕事の合間を縫っては全国のライブに遠征する日々。推しのグッズを10個、20個と「大人買い」して全力で応援しました。

当時は、ＳＮＳで知りあった仲間とライブの話で盛り上がるのも楽しかったし、ファン独自のルールに従うのも、部活みたいで楽しかった。どんなに忙しくても、Kくんのことを考えるだけで疲れが癒されるのがうれしくて、推し活に私生活のほとんどを捧げているような状態でした。

そうしたなか、人に「いい年してアイドルの追っかけばかりしてないで、ちゃんと恋愛したら？」なんて言われることが増えたんですけど、何を言われても、「余計なお世話です！」と、はねのけていました。「仕事と推し活、このサイクルにいれば十分幸せ♡」、のん気にそう思っていました。

ところが突然、Kくんが芸能界を引退することになって、情熱を向ける対象がなくなってしまったんです。新たな推しを発掘すべく、ファン仲間と情報交換をすればそこそこ盛り上がるんだけど、以前みたいに熱くなれなくて腑抜け状態。**「これを続けて何になるのかな？」**なんて、冷めた思いがわいてきてしまって……。

そんなタイミングで、急にある男性のことが気になるようになって、「もしかしてこの気持ちは恋⁉」と感じるようになりました。

彼は仕事を通じて知りあった月一の勉強会の仲間で、私と同じ教育関係者で独身。Kくんを応援しているときには、現実の男性にはまったく惹かれなかったし、眼中にもなかった。

でも、彼と2人で話していると感動や笑いのツボがすごく似ているし、**何よりリアルな異性と気持ちが通じあえるのってすてきだな**、と感じるようになってきたんです。

もちろん、淡い恋心を抱いているだけじゃ恋愛に進展しないってことはわかっています。でも、私はそもそも恋愛に奥手で、自分から誘ったりできないんです。

宙ぶらりんな気持ちのまま、あっという間に1年経ち、彼とはかなり話が弾むようになってきました。かといって、一緒に食事に行くこともないし、「ずっと平行線のままなのかなぁ」と思うようになってしまって……。

独身の同僚や友だちも多いから、年齢のことなんて気にしてなかったけど、気がつけば、33歳。**「人生のパートナーがいないまま、年齢を重ねていっても大丈夫かな」**という思いが、日増しに強くなっているように感じるんです。

彼とは
平行線のまま…？

ミラクルさんのカウンセリング　のぞみ編

Nozomi　Miracle

ミラクル　詳しく話してくれてありがとう。推し活に夢中だったころは、仕事との両立ですごくいきいきしていたみたいね。

のぞみ　でも、推しがいなくなったら、急に充実感が消えてしまって。時間とお金をたくさん投入してきたのに、結局何が残ったのかなって。このむなしい気持ちって、いったいどこから来るんでしょうか？

ミラクル　本来やりたいことではなく、ほかのことで欲求を満たすことを精神分析学では**「代償行動」**というの。そのせいで、むなしさが募っていったんじゃないかな。

のぞみ　代償行動……。つまり、恋愛したい気持ちを推し活でごまかしてる自分が嫌になったってことですよね。

ミラクル　（うなずきながら）そもそも、現実の恋愛に一歩踏み込めないのはなぜ？

のぞみ　「私を好きになってくれる人なんていないの？」っていう思いが強いのかと……。

ミラクル　それは年齢のせいなの？

のぞみ　というより、女としての自分に自信がないのかなぁ……。全然モテないし、男の人を喜ばせるような言葉も行動も、よくわからなくて。だからなのか、昔から恋バナを振られるのが嫌だったんですよね。

ミラクル　でも、今まさに現実の男性に恋してるし、彼とも気が合っていい感じじゃない？

のぞみ　う～ん。あと一歩、恋愛に近づけることができないんですよねぇ。

ミラクル　あなたはもうすでに、恋愛のスタート地点に立っているわ。恋愛を始めるには自分の本音に気づき、素直になることが必要だから。今、素直に話してくれたことで、恋愛に向けて一歩、踏み込むことができたんじゃないかな。

のぞみ　そうか、うん。たしかに私、素直になってる。

ミラクル　素直になるとミラクルが起こって、次の展開が始まるものよ。あとで一緒に考えましょう。さて次は、どなたが話してくれるかしら？

めぐみ　じゃあ、私の話を聞いてください！

親友や不倫の恋に甘えてしまう〝大人の思春期〟

めぐみ編

Megumi

私は小さな広告代理店の営業職として、毎日忙しく働いています。

ちょっと前まで、**週末は大学時代からの親友2人と女子会三昧**でした。

金曜の夜は夜中まで飲み歩き、そのまま3人のうちの誰かのアパートに泊まって、明け方までドラマを見ながら、おしゃべりのしどおし。土曜は昼前に起きてまた3人でブランチして、ウィンドウショッピングやカラオケを楽しんでから、それぞれのアパートに帰る。月2回は、そんな「お泊り女子会」をやっていました。

お互いの性格も好みも全部知ってるし、ファッション話もエンタメ話も、なんでも盛り上がって共感できる。一緒にいると、すっごく安心できて楽な関係だったんです。

「3人でいるとめっちゃ楽しいから、結婚なんてしなくてもよくない?」「みんなでマンション買っちゃおうか?」なんて冗談交じりに、でもなかば本気で話していました。

ところが、昨年くらいから不協和音が目立ちはじめてしまって……。

3人のうちのひとりは大手企業に勤めてて、年収差のせいか、お金の使い方の違いが目立ってきたんです。お店選びひとつとっても、「いい年なんだし、次はワンランク上の店にしたい」「たまには三ツ星レストランに行こうよ」なんてリクエストが増えてきて、経済感覚が合わないなって感じるようになりました。

同じころ、もうひとりの子が内緒で婚活していたことがわかったんです。「どうして黙ってたの？」って問い詰めたら、「だって私たちの間では、恋バナはできない雰囲気だったでしょ」って言われてグサッときちゃいました。

そのとき急に、私たちは**「親友」っていう名で自分たちを縛りつけて、お互いの成長の邪魔をしあってきたのかな**、って思いはじめてしまったんですよね。これをきっかけに３人の不協和音が決定的になってしまい、しばらく冷却期間を置いている感じです。

でもじつは、私にも２人には内緒で、１年前からつきあっている男性がいるんです。彼は昔の職場の先輩で、家庭のある人。数人で飲みに行った帰りにＬＩＮＥを交換して、しばらくやりとりしているうちに深い関係になりました。

彼は、週末は家族優先だから、休日にデートもできないんです。週１回、平日の夜にちょこっと飲んで私の家で抱きあったら、終電前には家族のもとに帰るんです。
話すととても楽しいし、彼が私に求めているのは体だけじゃないってわかってるけど……。でも、**女子会も消滅しちゃったし、彼との関係まで切れたら私、空っぽだなぁって。**未来のないつきあいだから終わりにしなくちゃと思っているのに、彼から誘われるとつい、受け入れてしまうんですよねぇ……（涙）。

ミラクルさんのカウンセリング　めぐみ編

ミラクル　言いにくいことを話してくれたのね。

めぐみ　平気だって思ってたけど、じつはずっと我慢してたんですよね。誰にも言えないし、どうしたらいいかわからなくて……。

ミラクル　彼に会う前は、女子会が安心できる居場所だったのね。

めぐみ　はい。私たち全員地方出身で、学生時代から何かとお互いを支えあってきていたから。でも、友情に甘えすぎてたんだなぁって。

ミラクル　親友のほかには、友だちはいないのかな？

女子会 楽しかったな‥‥

めぐみ　ほかの人とは浅くつきあうくらいで、新しい友だちをつくる努力もしてこなかったんですよね。

ミラクル　ところで、彼のことなんだけど、２人の関係に未来はないとわかっているのにやめられないのね？

めぐみ　はい。そんな自分が嫌になってくるんです。

ミラクル　めぐみさんは、ともに人生を歩むパートナーを求めているのに、彼はそうなれない人なのよね。

めぐみ　彼の家庭を壊してまで一緒になりたいとは思っていないんです。でも、彼とつきあうことで、自分の「大切なもの」が失われているような気がして……。

ミラクル　「大切なもの」って？

めぐみ　この関係をずるずる続けていると、エネルギーが奪われていくような気がするんです。ゴールがないせいか、誠意を込めてつきあうほど疲弊していくみたいで。

ミラクル　エネルギーと誠意、どっちもとても大切なものよね。でも、本当に好きな人になら惜しみなく与えられるし、与えることに喜びを感じるものなんじゃない？

めぐみ　そう思えないのは、私たちの関係がゆがんでいるってこと？

ミラクル　与える喜びは、「相手からも同じくらい大切なものをもらっている」という実感があるからこそ生じるもの。社会心理学に「**公平理論**」という概念があって、人間関係のなかでは、投入するエネルギーと得られる対価を公平にしたい、と思うものなのよ。

めぐみ　なるほど。そもそも彼との関係が公平じゃないから、「私ばっかり損してる」って感じるのか……。

ミラクル　疲弊しても関係を続けるのか、リセットして新たな一歩を踏み出すのか、決めるのは自分自身よ。

めぐみ　そうですね。もう31歳だし、しっかり考えなきゃ。

ミラクル　最後は、みのりさんね。

みのり　2人みたいに華やかな話がないんですけど……。

ミラクル　みのりさんが話したいことを聞かせてね。

趣味を満喫するも、今後が不安な〝大人の思春期〟 みのり編

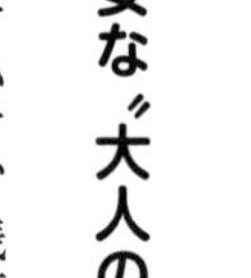
Minori

私はある公益団体で事務職員をしていて、残業もほとんどなく、淡々と働いています。仕事が面白いわけでもなく、趣味のためにお金が必要だから働いてるって感じです。

今日はたまたま、映画を観てきたから遅いんですが、いつもは夜10時過ぎに外を出歩くことなんて、ほとんどありません。

それより、**私が圧倒的に情熱を傾けているのは「アニメ」なんです！**

中学生のころからガンダムやエヴァンゲリオンが大好きで、仕事が終わったら家に直行して、晩ごはんと入浴を済ませたら即、部屋にこもってバーチャルな世界に浸っています。

でも、休日もずっと部屋にこもっているせいか、彼氏どころか友だちもいなくて……。学生時代の友だちとは疎遠になっちゃったし、なにせ趣味の時間が優先だから、職場の飲み会もここ数年、まったく参加してません。

唯一、盛り上がってるのが、オタク仲間とのチャットでの会話。会うこともないし、お互いの深い話をするわけでもないから、気楽なんですよね。

でも、見た目も中身も子どもっぽいせいか、現実の世界で、周りから心配されることが増えてきて……。

先日、街中でばったり同級生に会ったら、彼女はロングヘアの毛先を巻いて、流行《はや》りっぽいスカートを穿《は》いて、年相応の女性らしくなってました。なのに、私は化粧もしないし、よれよれのパーカーとズボンという地味な格好。

だからか、「みのりちゃん、高校のころとぜんぜん変わんないね。まだオタク続けてるの？」って真顔で言われちゃって……。

馬鹿にされてる感じはなかったけど、**「アラサーなのにそのままで大丈夫？」**ってびっくりされてるんだなと感じちゃったんですよね。

同じころに新型コロナが流行して、急に在宅ワークが始まり、職場に行かなくなりました。通勤がなくなり、趣味にますます時間が割《さ》けるようになってラッキーだなと当初は思ってたんですが……。

職場でのちょっとした雑談もなくなりましたし、親と住んでるから今は孤独じゃないんだけど、「仮に親が急死してこのまま在宅ワークも続いたら、身近な会話ができる人すらいなくなっちゃうんだな」って急に怖くなったんです。

とはいっても、チャット以外に交流してる人もいないし、婚活を目指して女子力上げるとか、無理！　恋愛に興味がないわけじゃないんだけど、つきあった相手に自分の生活のペースが乱されるのも、なんか面倒だなって思っちゃう。

でも、**「この先いったいどうしたらいいんだろう？」**っていう思いばかりが募ってしまうんですよね……。

ミラクルさんのカウンセリング　みのり編

ミラクル　コロナがきっかけで現状を振り返って、将来を考えるようになったのね。

みのり　「いつまでもこのままじゃいられないだろうなぁ」と思ってはいたんですけど、コロナで外出自粛になったときに、不安が決定的になった感じです。

ミラクル　これまで実家を出なかったのは、両親にうるさく言われなかったから？

私立なりきり学園☆
memo
【考察】
【ネタバレ】

みのり　父は何も言わないけど、母は「お婿《むこ》さん来てくれないかしら？」とか昭和っぽいことを言うから、うざいです。でも、適当にあしらってきました。

ミラクル　部屋にこもってしまえば、親の小言もシャットアウトできるものね。

みのり　それに、仕事から帰るとごはんができてるし、収入のほとんどを趣味につぎ込める。だから、実家生活がやめられないんですよね。

ミラクル　でも、親のサポートを無限に受けられるわけではないことに気づいたのね。

みのり　かといって、婚活して結婚なんて……そんな柄でもないし、できません！

ミラクル　恋愛や婚活は、無理をしてするものではないわ。それより、今のみのりさんの課題は「離乳」なのかもしれない。

みのり　「離乳」ですか⁉

ミラクル　巣立ちの時期を過ぎているのに古巣にいつづけると、母鳥は小鳥にえさを与えつづけてしまうでしょ。精神的に自立して、お母さんに頼るくせから卒業をしないとね。これを発達心理学では**「心理的離乳」**というのよ。

Miracle

Minori

みのり　「離乳」してないから、私は見た目も中身も、子どもっぽいままなのかなぁ。

ミラクル　親から自立すると内面から強くなっていくから、きっと〝大人の女性〟に近づけると思うわ。

みのり　でも、親からの自立って、何から始めればいいのかなぁ……。

ミラクル　それについては、あとでじっくり考えていこうね。

ミラクル　さて、全員のお話を聞けたわね。まずは一息つきましょう。

心に潜む〝大人のタイムカプセル〟をひらくときがきた！

ミラクルはハーブティーを淹《い》れ直し、シナモンシュガーのクッキーやチョコレートのブラウニーもテーブルに並べた。柱の鳩《はと》時計が1時を告げても、大雨はやむ気配もなく降りつづいていた。

「自分の話をこんなに深く、人に話すなんて初めてです」「私も。女子会ばかりやってたけど、友だちとは結局、表面的な話しかしなかったし」「でも、恥ずかしいやら情けないやら……。自分が丸裸になった感じです」

「これだけは覚えておいてほしいの。**『誰の人生も間違ってはいない』**ということ」

「本当ですか？」とのぞみが聞いた。

「そうよ。自分の人生を破滅させるために生きてきたわけじゃないでしょ。そのときどきで、自分が最善だと思う方向を選びながら進んできたはずよ」

「よかった。後悔はあるけど、間違ってもいなかったんですね」とめぐみが言った。

「今までと同じようには進めないと思ったら、いったん立ち止まってみること。すると、心の奥底にある〝大人のタイムカプセル〟を見つけることができるわ」

「大人のタイムカプセル⁉」

「ミラクルさん、それ、いったい何なんですか?」とみのりが聞いた。

「私たちはみな、心の中にタイムカプセルのような時限装置を抱えて生きてるの。**成長とともに順々にひらき、自分を成長させてくれる心の課題**。心理学では『発達課題』と言われている大切なものよ」

「タイムカプセルを見つけられないと、どうなるんですか?」とのぞみ。

「今までと同じことをしていてもむなしく感じるだけだし、『このままでいいのかな』というモヤモヤが積もってしまうわ」

「うわぁ。このモヤモヤがさらに増えていくなんて、ごめんだなぁ」とめぐみ。

「早く見つけないと……」とみのり。

「ミラクルさん、次は〝大人のタイムカプセル〟について、詳しく教えてください!」

３人は自分自身にじっくり向きあえたみたいだニャ。さて、３人がひらくべき“大人のタイムカプセル”とはなんぞや？　２章で深めていこうニャ！

2章

次のステージへ進んでいくとき、“大人のタイムカプセル”がひらく

〝大人のタイムカプセル〟とは？

私たちの心は、生まれてから人生を終える瞬間まで、一生をかけて成長します。

心の成長に必要なのが、年代ごとの**「心の課題」**。心理学者エリク・H・エリクソンが提唱した「発達課題」に相当します。

「心の課題」は、まるでタイムカプセルのようなもの。私たちの心に生まれたときから備わっています。適齢期になると順々にフタがひらいて、私たちを課題に直面させてくれるのです。

たとえば幼いころ、「何でも自分でやってみたい！」と意欲が満々なのに、うまくできず、かんしゃくを起こしたりしませんでしたか？　中高生のころ、急に大人を信用できなくなり、何かというと反発したりしていませんでしたか？

これらはみな、年代ごとのタイムカプセルのフタがひらき、「心の課題」に取り組むなかで生じた気持ちや行動の変化です。

Miracle

20代後半以降の人生を迷いながら生きる〝大人思春期女子〟が、心身共に成熟した〝大人の女性〟へと脱皮していくプロセスにも、特有の「心の課題」があります。私はそれを**〝大人のタイムカプセル〟**という言葉で伝えています。

〝大人のタイムカプセル〟は、時が満ちると作動し、本人の意思にかかわらずぐんぐんふくらんでいきます。そして、「早くフタをあけて！」「課題に取り組んで！」とサインを送ってきます。

サインの多くは、モヤモヤした気持ちや不安などのネガティブな感情で現れます。最近、「今までと同じことをやっているのにあまり楽しくない。どこか満たされないなぁ……」「今の延長線で大丈夫だろうか？」といったモヤモヤや不安が、訳もなくわいていませんか？

また、「あのときに聞いた言葉がなぜか気になる」「それを見ると心が震えるほど感動する」といった心の反応でサインが現れることもあります。

最近、偶然見た絵や映画、音楽などにたまらなく心が動かされたことはありませんか？　本の一節に目が留まり、涙があふれだして、止まらなくなったことはありませんか？

急にこのような思いが増えてきたなら、〝大人のタイムカプセル〟が次の人生のステージへといざなうサインを送っているのかもしれません。

サインは、本人がカプセルのフタをあけるまで鳴りつづけます。無視したり、気づかないふりをしたりしてもダメです。いずれは「心の課題」に向きあわざるを得ないのです。


では、なぜ心はそこまでして、私たちを課題に向きあわせるのでしょう？

それは、私たちの心に「**成長欲求**」があるからです。

私たちの心は、人生で生じるさまざまな体験を通じて、その年齢だからこそ生じる問いや迷いの答えを探しながら、一生をかけて成長することを望んでいます。そして、体験を通じて得たもの、気づいたことを人と分かちあい、一生をかけて成長する意味を知りたいと願っています。

そのため、サインに気づいたらまわり道をやめてタイムカプセルをあけ、自分と向きあうことが大切なのです。

〝大人のタイムカプセル〟をひらき、2つの課題に取り組もう

〝大人のタイムカプセル〟のなかには、2つの「心の課題」が入っています。
詳しい内容は3章と4章で解説しますが、ここではおおまかな概要をお伝えします。

①大人の女性としての〝アイデンティティ〟

〝アイデンティティ〟とは、「これこそが私なんだよなぁ」とじわじわ実感できる、自分らしさや自分らしい生き方のことをいいます。

10代なかばから20代前半の「青年期」にも、私たちは〝アイデンティティ〟を模索しますが、その時期に考えるアイデンティティは「社会のなかで生きる自分」、すなわち職業との関連における自己の確立がメインです。

しかし〝アイデンティティ〟とはそもそも、仕事もプライベートも含んだトータルな自分像のこと。20代後半からは、プライベートでの自分がどうありたいのかも模索し、アイデンティティをさらに深めるようになります。

②恋愛などを通じた〝親密〟な関係

大人になるには、異性や年代の異なる人、考え方の異なる人ともかかわりながら、心をオープンにして、多彩な人間関係を築いていくことが必要です。

なかでも、信頼した相手としっかり向きあい、長い期間をかけて互いから学びあい、互いを育てあう関係を築くことを**〝親密〟**と呼びます。とくに重要なのが、恋愛を通じた親密です。

たとえば男と女の場合は、物事の感じ方も考え方も、行動スタイルも異なることが多いものです。だからこそ、深くつきあうと互いから学べることが多く、足りないところを補完して、支えあうことができるのです。

恋愛などの体験を通じて特別な人との関係を深め、〝親密〟をしっかり経験して成長していくことを「心の課題」は求めています。

心に生じている気持ちや行動の変化（タイムカプセルのフタがひらくサイン）に敏感になり、今、取り組むべき課題に向きあってみましょう。

心の奥に潜む“大人のタイムカプセル”

フタをあけると…中から

2つの**「心の課題」**が出てくる

課題1

大人の女性としての

“アイデンティティ”

課題2

恋愛などを通じた

“親密”な関係

〝未来予想図クエスチョン〟で理想の未来をイメージする

ミラクルの説明を聞き、3人はため息をついた。

「〝大人のタイムカプセル〟。そんなものが心に潜んでいたとは……」とのぞみ。

「最近、何をやっても満たされない思いがしてたのは、カプセルのフタがひらきかけていたせいなのかなぁ」とめぐみも言った。

「でも、すでにカプセルの開封期限が過ぎているってことはないのかな？」とみのり。

ミラクルは立ち上がって、3人の肩にやさしく手をあてていきながら、こう言った。

「**サインに気づいたときが、課題に取り組むベストタイミング**なのよ。せっかくだから、今日ここで、〝大人のタイムカプセル〟をひらいてみない？」

「つまり、2つの課題に取り組む、ってことですか？　ちょっと難しそう」とのぞみ。

「カタく考える必要はないわ。自分の本心に向きあい、**〝大人の女性〟としてどうあ**

りたいのか、どう人とかかわりたいのかをイメージすることが大切なの」

「でも、そのイメージができないんです。ふいに理想が頭に浮かぶことがあっても、夢物語みたいで陳腐だし、あいまいすぎて現実味がないし……」とめぐみが言った。

「それはおそらく、集中してイメージしていないからだと思うわ。〝未来予想図クエスチョン〟という方法を試してみましょう」

「未来予想図クエスチョン!?」

「これから私が言う質問に答えていくと、理想の未来像がはっきりすると思うわ。試してみたい人はいる？」

「私、やってみたい！」と、のぞみが真っ先に手を挙げた。

“未来予想図クエスチョン”を実践！　のぞみ編

ミラクル　のぞみさんは、何年後の自分の未来を見てみたい？

のぞみ　10年後、43歳の自分にします。

ミラクル　では未来の**「自宅」「職場」「生きがいの場」**で過ごしている43歳ののぞみさんに会いに行きましょう。準備はいい？

のぞみ　はい。お願いします。

ミラクル　目を閉じて楽に座って、3回深呼吸をしてみて。そう、だんだん肩の力が抜けてきたわね。そのまま深呼吸を続けて……。今、どんな気分？

のぞみ　ふわふわとして気持ちよくて、じわじわ～っと緊張がほどけていく感じ。

ミラクル　オッケー。じゃあ、質問するわね。

のぞみさん、あなたは今、43歳です。10年前に夢見ていた理想の未来が実現し、“大人の女性”として思い描いたとおりの人生を実現しています。
今、「自宅」で幸せな時間を過ごしています。どこで何をしていますか？

のぞみ　休日にお昼ごはんを食べた後、リビングのソファでくつろいでいます。

ミラクル　どんなところに住んでいるのか、もっと詳しく教えて。

のぞみ　郊外の南向きのマンションで、とっても日当たりがいいんです。ベランダからは一面の緑が見わたせます。

ミラクル　あなたのそばには誰がいるの？

のぞみ　私の横にはゴールデンレトリバーの犬が寝そべっています。私は犬をなでながら、ほっと一息ついています。

ミラクル　犬のほかには、誰かいる？

のぞみ　夫と子どもがキッチンにいます。食器を片づけて、食後のお茶の用意をしてくれています。

ミラクル　あなたのどういう働きかけによって、家族との幸せな時間を楽しめているのかしら？

のぞみ　う〜ん。家族に感謝の気持ちを伝えてるからかな。

ミラクル　深呼吸をしながら、1分間くつろぎの時間を味わってみましょう。

ミラクル　次は、43歳の働いているのぞみさんに会いに行ってみましょう。

今、あなたは10年後の「職場」にジャンプしました。
仕事をしているあなたは、とても充実しています。今、どこで働いていますか？

のぞみ　現在の中学校で教壇に立っています。

ミラクル　教壇でのあなたはどんな感じ？

のぞみ　ゆとりのある表情で生徒たちに笑いかけてます。教壇を降りて生徒に近づくと、なぜだかすっと一人ひとりの気持ちがわかるんです。

ミラクル　あなたのどういう働きかけで、生徒の気持ちがわかるようになったの？

のぞみ　経験でしょうか。この年までずっと生徒に向きあってきたから、わかるようになったような気がします。

ミラクル　では、教壇に立っている充実した時間も、1分間味わってみましょう。

ミラクル　最後に、43歳ののぞみさんの生きがいの時間を見に行きましょう。

あなたは10年後の「生きがいの場」にジャンプしました。家のことも仕事のことも忘れ、ひとりの女性として、充実した時間を過ごしています。今、どこで何をしていますか？

のぞみ　ぼや～っとしてよく見えないなぁ。……あ、だんだん見えてきました。湖畔の静かなキャンプサイトで、テントを張って焚火《たきび》をしています。

ミラクル　そばには誰かいますか？

のぞみ　誰もいません。ひとりです。

ミラクル　キャンプ場であなたは何を考えていますか？

のぞみ　ぼんやりといろんなこと。過去への思いとか、これからの人生のこととか……。焚火を見ているといろんなことが頭に浮かんできます。

ミラクル　あなたのどんな働きかけで、キャンプの時間をもてるようになったの？

のぞみ　そうですねぇ。やっぱり家族に感謝の気持ちを伝えてるからかな。

ミラクル　では、キャンプ場でゆったりと過ごしている充実の時間も1分間味わってみて。……そろそろ今の自分に戻りましょう。静かに目をあけて。

イメージした「理想の未来」へ近づく方法

のぞみは目をあけてからしばらくの間、未来予想図の余韻に浸っていた。めぐみとみのりも、43歳ののぞみの姿を思い浮かべながら、お茶の時間を楽しんだ。

「のぞみさん、未来予想図に出てきた夫って、もしかして……?」

「はい、月一の勉強会で会ってる好きな人です」のぞみは照れながら答えた。

「自宅、職場、生きがいの場という3つの未来予想図を見てきたわけだけど、まず、自宅での自分についてどう感じた?」

「う〜ん。やっぱり私は結婚して、夫や子どもと暮らしたいのかぁって、思いました」

「以前は、将来の結婚や家庭のことはあまり考えなかったのかしら?」

「うっすらと考えてはいたんですけど、出会いがあれば、っていう受け身な感じで、何としても、っていう強い思いがあったわけではなかったんですよね」

「未来予想図を見て、結婚への希望を確信できたのかな」

「はい。**もう自分の本音を見て見ぬふりはしないほうがいいんだろうな**って思います」

「仕事のほうは、現状の延長線上で続けていきたいのね？」

「教師の仕事は面白いけどとてもハードだし、『ああ、やめたい！』ってぼやくこともあるのに、10年後もちゃんと続けていましたね」

「どうして10年後も続けられたのかしら？」

「そうですね……。生徒の気持ちにもっと近づきたいっていう思いが強いからかな。40代になると、それがもっと楽にできるような気がするんです」

「ところで、生きがいの場はだいぶ変わったのね。もう推し活は続けていないの？」

「続けてるかもしれませんが、パッと頭に浮かんだのはソロキャンプでした」

「経験はあるの？」

「全然やったことないです。アウトドア系のタイプでもないし、ひとり旅もしたことないのに、なぜそのイメージが出てきたんでしょう？」

「不思議よね。めぐみさんとみのりさんはどう思う？」と、ミラクルは質問した。

「う〜ん、わかんないなぁ。でも、仕事と家庭でめっちゃ忙しいのにソロキャンプも楽しんでるなんて、かっこいい！」とめぐみ。

「ソロキャンプがブームだから、頭のどこかにイメージがあったのかな？」とみのり。

「のぞみさん自身はどう思う？」

「想像もつかないことをやってみたい、っていう思いがあるのかな？　心のどこかに**自分の殻を破ってみたい**って思いがあるのかもしれませんね」

「未来予想図を描いてみたことで、目指したいのに先送りにしてきたことや、普段の意識では思いつかないようなことに気づけたんじゃないかな？」

のぞみは、ミラクルの言葉にうなずいた。

「今、未来予想図で見た自宅、職場、生きがいの場という3つの居場所。これは〝大人の女性〟としての〝アイデンティティ〟を深めるうえで、とても大切な要素なのよ。これを私は〝3つのプレイス〟って呼んでいるの」

「3つのプレイス!?」

「〝3つのプレイス〟のバランスが現状と理想とでどれだけ違うかを知ることで、今、自分が何に取り組むべきかがわかるの。次は、このテーマについて説明しましょう」

本番

1. 「〇〇さん、あなたは今、〇歳です。〇年前に夢見ていた未来が実現し、思い描いたとおりの人生を実現しています」
2. 「あなたは今、どこにいるの？」

> 「あなたは今、自宅（または職場、生きがいの場）にいます」などと場所を特定してもOK

3. 「その場所には何があるの？」
4. 「そこで何をしているの？」
5. 「あなたのそばに誰かいる？」
6. 「どんな会話を交わしているの？」

> どこで、何を、誰と、どのような…と具体的に質問し、イメージをはっきりさせる

7. 「あなたのどんな働きかけで、その幸せな未来が可能になったの？」

> 夢をかなえるには、自分のアクションが必要。ぜひこの質問を入れてみよう！

8. 「そろそろ今の自分に戻りましょう。静かに目を開けて」

ふりかえり

9. 「“未来予想図クエスチョン”をやってみて何を感じた？」
10. 「未来予想図の実現の“小さな一歩”として、今、できることは何？」

> 大切な質問！
> 未来への第一歩を引き出そう

ペアでおこなう“未来予想図クエスチョン”

準備

1. 相手にリラックスした状態で椅子に座ってもらう。
2. 「何年後の自分を見てみたい？」と聞く。
3. 「目を閉じて、３回深呼吸をしてみて。だんだん肩の力が抜けてきました。（しばらくして）今、どんな気分？」と質問する。

★相手がとてもゆったりとした気分になったのを確認したら、クエスチョン開始！

POINT

大切なのは**7**、**10**の質問にあるように、「幸せな未来を可能にするためのアクション」を明確にすること。
“小さな一歩”が未来を変えるのです。

のぞみさんは、大人としての“アイデンティティ”のかけらを見つけたみたいだニャ。次は“3つの・プレイス”でさらに深めていこうニャ！

3章

「自分の居場所」を整えていくと“アイデンティティ”が見つかる

ミラクルさんの心理学講座

〝3つのプレイス〟とは？

〝大人のタイムカプセル〟のひとつ目の課題は、大人としての**〝アイデンティティ〟**を築くことです。

〝アイデンティティ〟とは、2章でお伝えしたように「自分らしさ」や「自分らしい生き方」のこと。おおよそ20代前半までの年代では、社会における自分の活かし方をメインに考えるため、「教師としての私」「〇〇企業に勤める私」のように、仕事の肩書きによってアイデンティティをとらえていることが多いと思います。

ですが〝アイデンティティ〟はそもそも、仕事もプライベートも含んだトータルな自分像のこと。仕事だけでなく、自宅でどんな生活をしたいのか、仕事と余暇とのバランスをどう保ちたいのか、自分の生き方を総合的に考える必要があります。

そこで役立つのが、〝3つのプレイス〟のバランスの検討です。

Miracle

〝3つのプレイス〟は、社会学者オルデンバーグが定義した、人が活動する「3つの場所」に相当します。まずは各プレイスの役割をお伝えしましょう。

①ファーストプレイス（自宅）

食べて、寝て、くつろぐという日常を支える暮らしの中心。外で疲れた自分を癒し、心身に栄養をつけて、明日また働く力を養う場所。

②セカンドプレイス（職場）

社会生活の中心となる場。仕事などの活動を通じて社会とかかわることで、自分の力を社会に活かし、心身のエネルギーを活性化させる。

③サードプレイス（生きがいの場）

生活にうるおいを与え、人生に楽しみを与える第三の居場所。趣味で人と交流する場、友だちとの飲み会や食事会の場などがある。

大人は本来、私生活の基盤である「ファーストプレイス」（自宅）をしっかり築き、そこをベースにして「セカンドプレイス」（職場）に出かけ、社会とのかかわりを広げます。そして時折「サードプレイス」（生きがいの場）で憩い、疲れた心を元気にします。

図のように、しっかりしたファーストプレイスの上にセカンドプレイスが建ち、その上にちょこんとサードプレイスが乗っている。本来は、そんなバランスで自分の生き方を考えることがベストなのではないでしょうか。

大人になって間もないころは、仕事で一人前になり、収入を得る方法を確立しなければなりません。そのため、セカンドプレイスの比重がとても高くなります。

そして、仕事のストレスを解消するために、サードプレイスの充実にも精を出しますが、これらに比べると、ファーストプレイスのことは後回しになりがちです。

しかし、そのまま年齢を重ねていくと、いずれは疑問にぶち当たります。

「部屋を片づけてはいるけど、しょせんは仮の住まい。このままの暮らしでいいんだろうか」とモヤモヤ……。

私たちの基盤となる“３つのプレイス”

しっかりしたファーストプレイスの上に
セカンドプレイスが建ち、サードプレイスで
ときどき憩う……そんなバランスが理想的。

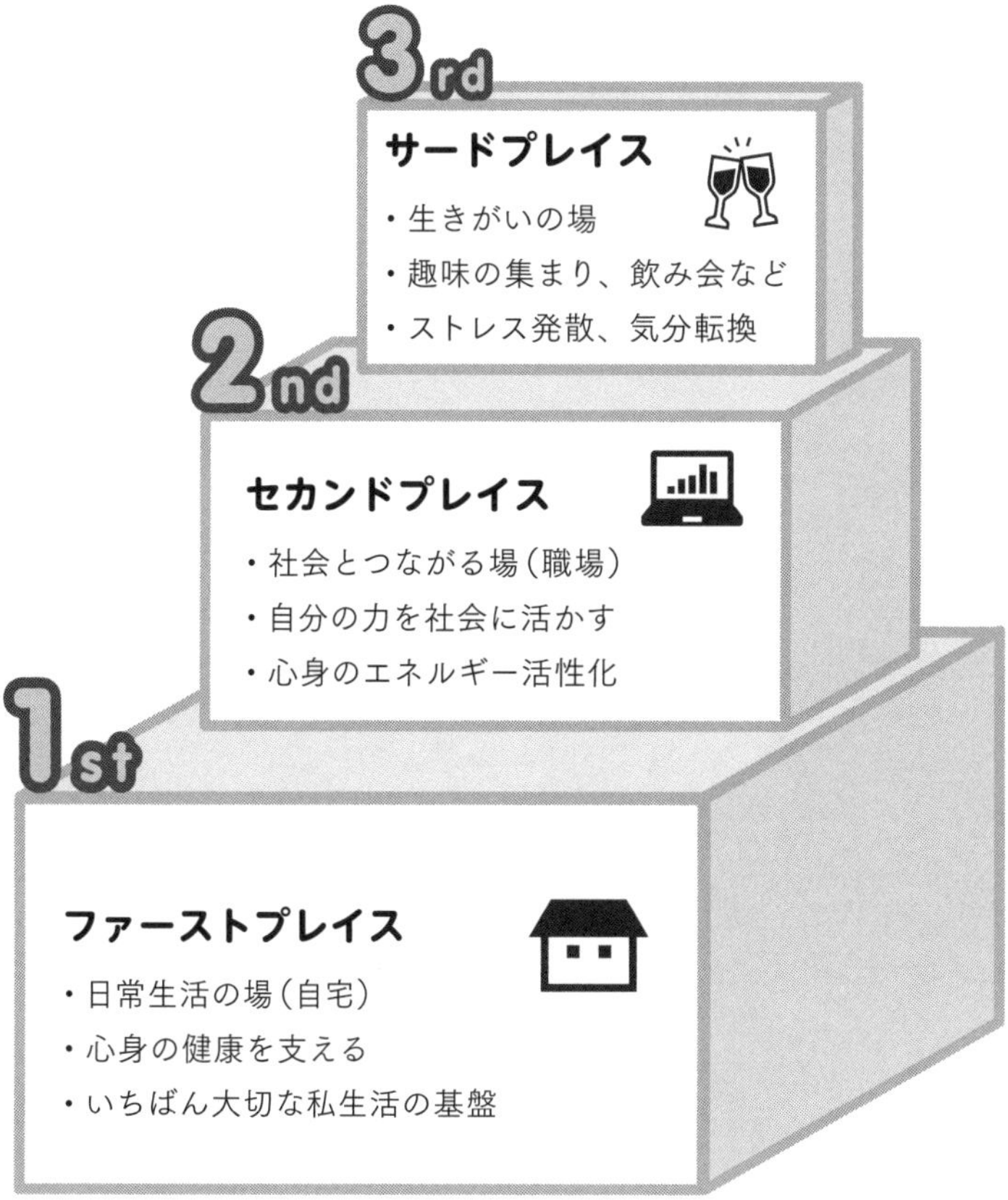

「ひとり暮らしがずいぶん長いけど、このままもずっとここでひとり？　これ、私が本当に望んでいた生活なの⁉」と不安に……。

　こうした気持ちが募っていくと、「私の人生、これでよかったのかしら？」とアイデンティティが揺らいでしまうかもしれません。

　大人としての〝アイデンティティ〟を考えるには、後回しにしてきたファーストプレイスのあり方に、しっかり目を向ける必要があります。

　ただし、「引っ越して住む場所を変える」などと単純に考えればいいわけではありません。これから数十年にわたる人生を考え、どんな家に住みたいのか、誰かと支えあいながら生きていきたいのか、あるいは、思うがままにひとりで生きてみたいのか、自分のビジョンをはっきりさせることが必要なのです。

　とはいえ、現実と理想を比較すると、一筋縄ではいかないかもしれません。

「将来こんな家に住みたいなぁ」と思い描いても、家を購入するには頭金も安定的な収入も必要です。「あったかい家庭をつくりたいなぁ」と思っても、肝心のパートナーがいなければ、机上の空論に思えてしまうかもしれません。

こうして現状とのギャップが大きくなると、「理想のファーストプレイスづくりなんてまだ先のこと」と思い、考えることをやめてしまう人が多いのです。

しかも、現代の社会は消費意欲の高い独身女性の欲望を煽《あお》り、いつまでも〝大人の思春期〟のままでいいと錯覚させてくれます。楽しむことに惜しみなくお金を使う「働く独身女性」は、消費社会にとっての「上顧客」。だから、マスコミも広告もこぞって魅力的な商品やサービスを提示し、消費を煽り立てます。

身近な友だちが次のライフステージに移行したとしても、ＳＮＳやブログを検索すれば自分と似た境遇の人が見つかるでしょう。そのため、「私はまだ、今のままで大丈夫」と安心している人も多いと思います。

「セカンドプレイスでバリバリ稼ぎ、サードプレイスでガンガン消費」というライフスタイルは、健康で元気に働き、キャッシュフローが正常に流れているうちは限りなく楽しめます。

でも、やがて必ず「向かい風」はやってきます。リストラや大病、非常事態や震災……。こうした不運は、いつ訪れるかわかりません。突然のコロナ禍で、そのことを痛感した人も多いでしょう。

不運に見舞われても自分を守り、支えてくれるのは、「安全基地」としてのファーストプレイス。そして、ファーストプレイスを共有し、追い風でも向かい風でも変わらずにかかわりつづけてくれる人です。

親が現役なら、向かい風のときには実家というファーストプレイスに戻ればいいかもしれません。しかし、その親もやがては年老いていき、頼れなくなります。

これから先の何十年もの間、ひとりで自分を支えていく意欲があるのか。それとも、誰かとタッグを組んで生きていきたいのか。自分としっかり向きあう必要があります。

「私はこの道でいく！」と強く思えるなら、そのままの人生を突き進んでいけばいい。しかし、「これでいいのだろうか？」と少しでも疑問がわくようなら、現状の〝3つのプレイス〟が理想のバランスからどのくらい離れているのか、比較検討してみる必要があります。

居場所のバランスを「見える化」してみよう

ミラクルの話を聞き、3人の女性たちは再び大きなため息をついた。

「ファーストプレイス……。たしかに、今の部屋に10年後も住みつづけるなんて、考えたくないかも」とのぞみはつぶやいた。

「女友だちと『一緒に住んじゃおうか♪』なんてよく話してたけど、結局、実現しなかったなぁ。ファーストプレイスはいちばん重要な居場所だから、ノリでは決められないもんね」とめぐみも言った。

「コロナ禍《か》で『もし親が死んだら?』って急に思うようになったけど、将来、広い実家にひとりで暮らしてる自分の姿を想像すると、なんだかせつない……」

しんみりする3人に、ミラクルはほほえみながらこう言った。

「前にも言ったわよね。**誰の人生も間違ってない**」

「こんなに無計画に生きていても、ですか?」

「だって、今まで頑張ったこと、楽しんできたことが今の自分を支えているでしょう？」

「どれも無駄ではなかったってことですよね」

「もちろんよ。すべての経験に感謝して、これから先の理想の人生を〝3つのプレイス〟のバランスから考えてみない？」ミラクルの提案に、3人はうなずいた。

「では、〝3つのプレイス〟の理想と現実のバランスを円グラフで比較してみましょう」

ミラクルは、3人に紙と鉛筆を渡した。

「ひとつ目のグラフには、現在、各プレイスに何%ずつエネルギーを費やしているのか。

2つ目のグラフには、10年後の自分を想定して、どんなバランスが理想か。

数値はざっくりと直感で書いてかまわないわ。どちらも、時間の割合ではなく、投入する心のエネルギーの割合で書いてね」

3人はそれぞれの日常を振り返りながら、円グラフに書き込んだ。

「みんな書けたわね。じゃあ、さっそくのぞみさんの円グラフを見てみましょうか」

あなたの“３つのプレイス”のバランスは？

「心のエネルギー」全体を100％としたとき、３つの各プレイスにどれくらいのエネルギーを投入していますか？円グラフに書き込んでみましょう。

記入例

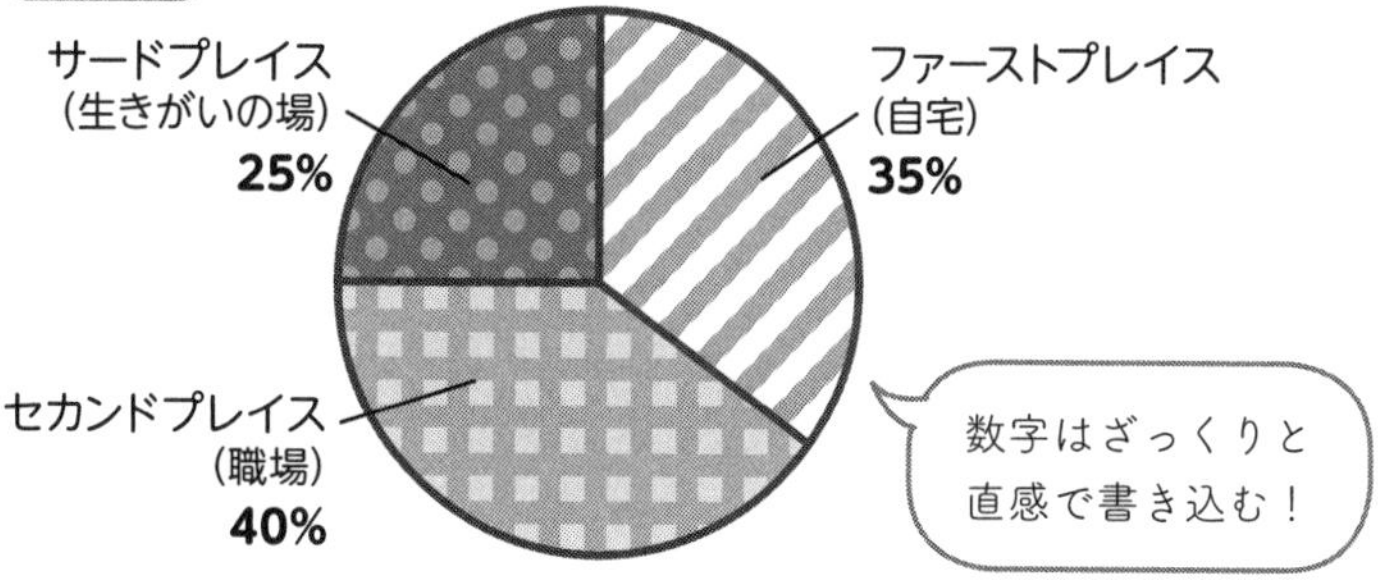

現状

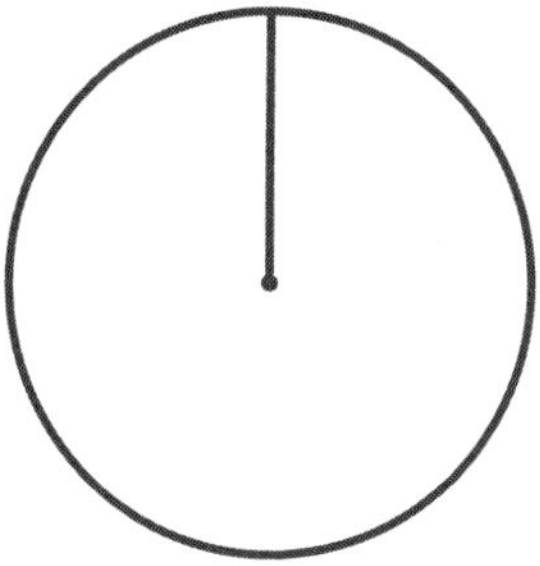

ファースト…（　　　　　）％
セカンド……（　　　　　）％
サード………（　　　　　）％

理想（10年後の自分）

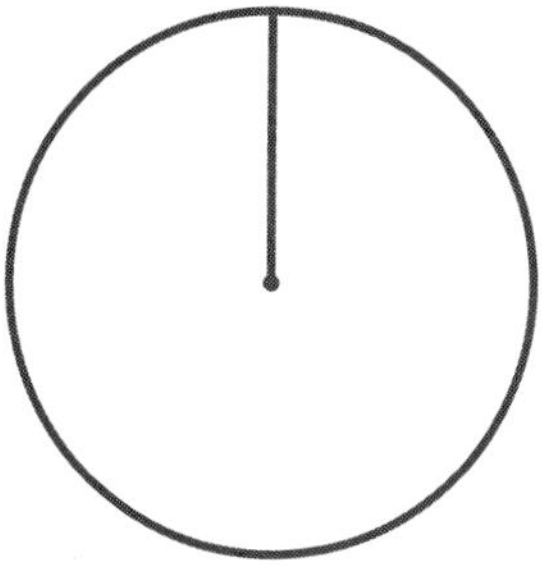

ファースト…（　　　　　）％
セカンド……（　　　　　）％
サード………（　　　　　）％

「未来」の居場所の理想バランスをイメージする　のぞみ編

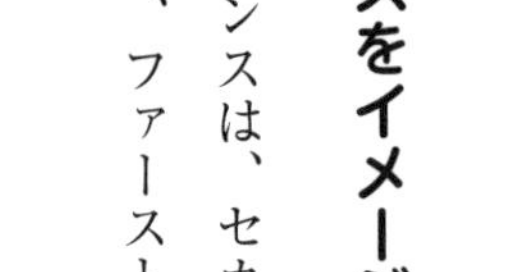

ミラクル　のぞみさんの現実のバランスは、セカンドプレイスが６割。サードプレイスが３割、そして、ファーストプレイスは……１割、なのね。

のぞみ　仕事中心の毎日なので、セカンドプレイスの割合がどうしても多くなっちゃうんです。

ミラクル　次に多いのがサードプレイスね。

のぞみ　はい。まだ推し活の余韻が抜けなくて、ファーストプレイスより多めです。

ミラクル　そして、ファーストプレイスにかけるエネルギーが、極端に少ないようね。家ではどんな生活をしているの？

のぞみ　１ＤＫのアパートに住んでるんですけど、部屋は服とか生活用品、仕事

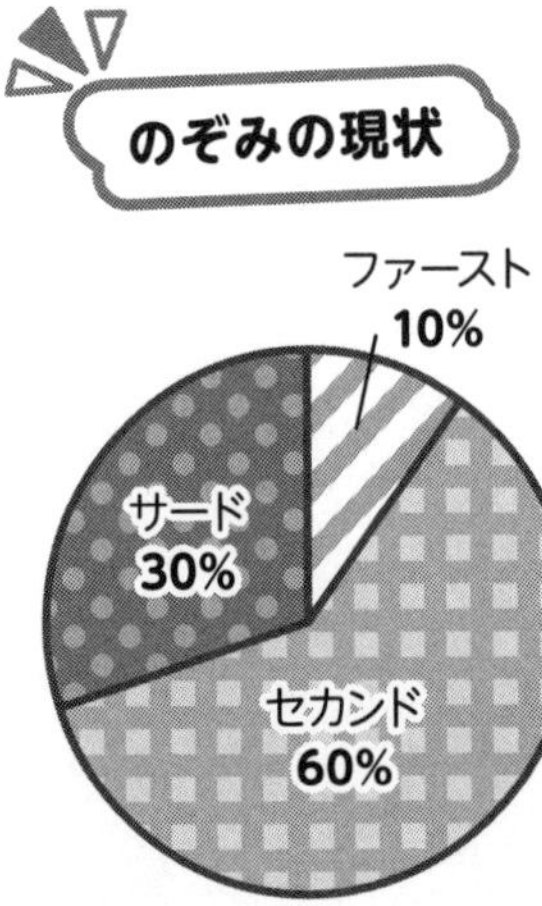

の本や資料でいっぱいです。趣味の物を飾るスペースもなくて、机の上に積んだりで……。もっと居心地よくしたいんですけど、いつの間にか物置状態になってしまって。

めぐみ　物がいつの間にかあふれかえってしまうんだよね。

みのり　私の部屋も同じような状態……。

ミラクル　じゃあ、〝3つのプレイス〟の理想のバランスのほうを見てみましょうか。のぞみさんの理想のバランス、だいぶ変わったわね！

のぞみ　ファーストプレイスが5割、セカンドプレイスが4割、サードプレイスが1割、という感じです。

ミラクル　ファーストプレイスにかけるエネルギーがぐんとアップしたのね。

のぞみ　やっぱり大人として、私生活の基盤をちゃんと築いていきたいって思います。

ミラクル　セカンドプレイスにも、しっ

のぞみの理想

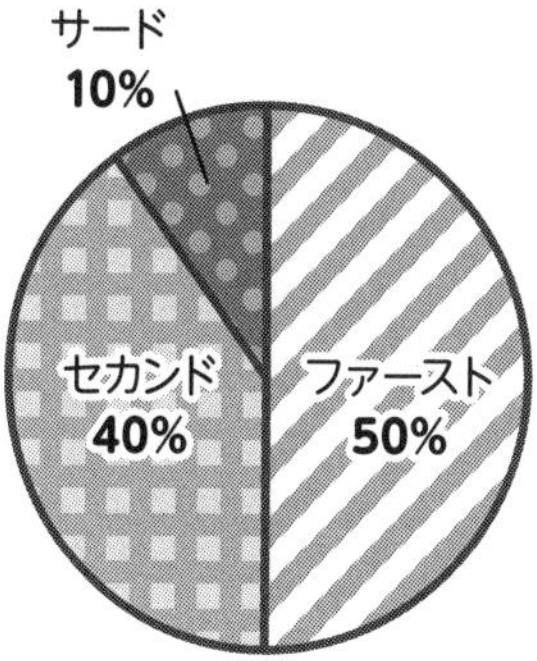

かりエネルギーを投入してるのね。

のぞみ　教師としての〝アイデンティティ〟も、めちゃくちゃ大事なので。ずっと続けていきたいんです。

ミラクル　セカンドプレイスをもちつづけることは、とても大切よ。仕事は社会との接点だし、〝アイデンティティ〟の重要な柱だから。たとえ形が変わっても続けたほうがいいわ。

ミラクル　サードプレイスは1割にまで減ったのね。これはどうして？

のぞみ　ファーストとセカンドが充実すれば、サードプレイスはほんのお楽しみ程度でも十分な気がして……。

めぐみ　たしか、未来ののぞみさんは、ソロキャンプを生きがいにしていたよね？

みのり　じゃあ、サードプレイスはキャンプ場？

のぞみ　う〜ん、未来の趣味は正直、わからない。

ミラクル　サードプレイスは彩りだから、その都度のときめきや出会いに任せていけばいいわ。

のぞみ　そうですよね。これからもきっと、新しい楽しみが見つかりますよね。

ミラクル　未来ののぞみさんは、内省する時間を大切にしたいんじゃないかな。だから、ひとりで焚火を見つめながらキャンプをするイメージが、ふいに浮かんだのかもしれないわね。

実現への一歩。ファーストプレイスをどう変えていくか

ミラクル　次は、のぞみさんのファーストプレイスを理想の形に近づけていきましょう。〝未来予想図クエスチョン〟では、郊外のマンションで夫と子ども、愛犬との幸せな家庭生活を送っているイメージが浮かんだわね。

のぞみ　現状の生活からはほど遠いですけどね（笑）。

ミラクル　理想の形に近づけるため、今ののぞみさんにできることに取り組んでみましょう。

のぞみ　ひとり暮らしなんですが、その範囲でできることでいいんですか？

ミラクル　そう。今現在のファーストプレイスを理想の形に近づけることが大切なのよ。将来住みたい居心地のよい家を、もう一度思い浮かべてみて。浮かんだイメージ

のうち、今の暮らしに取り入れられそうなものはある？

のぞみ　そうだなぁ。イメージのなかの自分が座ってたような、居心地の良いソファがあったらいいな。今の部屋にあるのは、折りたたみのローテーブルと座布団。理想のリビングのイメージからはほど遠いんですよね。

ミラクル　じゃあ、イメージに近いソファを探しに行かなきゃね。

のぞみ　古い本とか服とか推しグッズとかも、思い切って処分しなきゃ、ですね。

ミラクル　片づけることより、心から愛着を感じるものを部屋に置くことのほうが先。愛着のあるものを置けば、自然とそのまわりをきれいにしたくなるものよ。

めぐみ　でも、ソファを買うくらいで、理想の未来に近づけるんでしょうか？

ミラクル　**〝小さな一歩〟**が大切なのよ。ソファを置くと理想の形に一歩近づく。すると、ソファに合わせて暮らし方が変わる。暮らし方が変わると生き方が変わる。人生はこんなふうにバージョンアップしていくのよ。

みのり　なるほど。だから、今できることから始めるのが大切なんだ！

ミラクル　ファーストプレイスが理想の形に近づけば、大好きな部屋で彼氏と居心地よく過ごすイメージもわいてくるでしょ？

のぞみ　たしかに。今の部屋じゃ無理ですね。

ミラクル　きっと、気に入ったソファを入れた途端にイメージはぐんとふくらむと思うわ。どんな部屋づくりにするかは、ソファを入れた後に、また〝未来予想図クエスチョン〟で思い描いてみるといいわね。

のぞみ　買うのはソファだけでいいんですか？　ほかにも買い替えたほうがいいものがたくさんありそうだけど。

ミラクル　まずは、「ソファを買う」という〝小さな一歩〟に集中して。ひとつ階段を上ると、その地点から何かが見えてくる。そのとき思い浮かんだことに、また〝小さな一歩〟で取り組む。そのくりかえしが理想の未来に近づく道なのよ。

のぞみ　最初から、あれこれ欲張って手を出さないほうがいいんですね。

ミラクル　欲張ると、途中で息切れしてしまうでしょう？　最初の一歩は小さいほうがいい。ゴールをしっかり意識すれば、どんな一歩も理想の未来に続いているはずよ。

大人のタイムカプセル、2つ目の課題〝親密〟へ

鳩時計が2時を告げていたが、3人にはまったく眠気が訪れなかった。

雨足はだいぶ弱まったものの、窓の外ではまだ冷たい雨が降り注いでいた。

足元にはストーブが置かれ、温かい空気とやさしい雰囲気に包まれていた。

黒猫のマジカルは時折、女性たちの足元にまとわりつき、黒い瞳をキラキラさせて3人の様子を見つめた。


「さて、ここまでは大人の女性としての〝アイデンティティ〟をのぞみさんに焦点を当てて見てきたけど、どう感じたかしら？」

ミラクルの問いかけに、のぞみはこう答えた。

「いちばん手を抜いてきたファーストプレイスが、理想の未来ではいちばん大切な場所だと気づいて、もう遠回りしてられないって感じです」

「めぐみさんはどう感じた？」

「部屋をきれいにすることが理想の未来に近づく道だなんて、とっても意外でした。『脱・汚部屋』が幸せの第一歩ってこと？」とめぐみが尋ねた。

「そうともいえるわね。でも、ただ『片づければいい』とは思わないでね。**ワクワクしながら、理想の未来に近い環境をつくり上げていくこと**が大切なのよ」

「あのぉ……、私は実家暮らしなので、家のなかを勝手にいじるのは難しいんですけど、どうしたらいいんでしょうか？」とみのりが質問した。

「まずは、自分の部屋のなかを理想の形に近づけてみて。すると、目指したい暮らし方や生き方が見えてくると思うわ」とミラクルは答えた。

「じゃあ、次は〝大人のタイムカプセル〟の2つ目の課題ね。〝親密〟のテーマに取り組んでみましょう」

ミラクルの提案に、3人は急にざわめいた。

「〝親密〟!?　う〜ん、彼氏がいれば取り組めるんだけど……」

「こちらが〝親密〟になりたくても、思いが相手に届かなかったら？」

「そもそも、私みたいなドンくさい女に振り向いてくれる人、いるのかな？」

途端に不安になる3人を見て、ミラクルは両手を腰に当てながら問いかけた。

「あら、そんな〝親密モラトリアム〟のままでいてどうするの？」

「親密モラトリアム!?」

「『たられば』ばかり言っても、未来予想図は実現しないわ。〝親密〟になりたいのになれない〝モラトリアム状態〟が続くだけよ」

「それは嫌です！」「でも、どうしたら？」

「〝親密〟は、何も恋愛のことだけを考えて取り組む必要はないのよ。まずは、**身近な人との交流のなかで、今より一歩深みのある関係を築いていく**こと。そうすれば、やがて恋愛の扉もひらかれていくと思うわ」

「つまり、今現在の暮らし方を変えるのと同じように、今かかわってる人たちとのつきあい方も変えていくってこと？」とのぞみが聞いた。

「少しずつね。**理想の未来を実現するには、現在に〝小さな変化〟を加えることが必要なの**」

「なるほど。それならできるかも」とみのりが言った。

「まず、〝親密〟とはどういう関係なのかを説明するわね。そのうえで、自分がこの課題にしり込みをしている理由を見つめてみましょう。すると、重点的に取り組むポイントが見えてくると思うわ」

「〝親密〟。魅惑的な響きでドキドキする……」とめぐみが胸に手を当てた。

「ミラクルさん、ぜひ〝親密〟について詳しく教えてください‼」

“アイデンティティ”を掘り下げ、いよいよ次は“親密”の課題ニャ。ミラクルの導きで３人がどう変わるのか、楽しみになってきたニャ～

4章

大人になるには欠かせない…
“親密モラトリアム”からの脱出

ミラクルさんの心理学講座

大人になるための〝親密〟体験とは？

大人としての〝アイデンティティ〟が深まってくると、次に立ち現れるのが**〝親密〟**の課題です。

〝親密〟という言葉の響きから、人とべったりつきあうことを想像するかもしれません。でも、「心の課題」における親密はそうではありません。信頼しあった人との間で、互いの〝アイデンティティ〟を活かしながら、学びあい、育てあう関係性です。

なぜ大人になるために、〝親密〟の課題に取り組まなければならないのでしょう。

人は、それまでの人生で築いた既存の価値観や行動スタイルにこだわっているだけでは、成長できないからです。

大人としての真の成長は、他者との間で互いの〝アイデンティティ〟にもとづいて、本音でかかわりあうこと。とりわけ、個性の異なる人との深いかかわりのなかで、そ

Miracle

れまでの自分を変えるような新しい気づきを得ていくことにあります。

しかし、人間関係が表面的、依存的、同質的になっていると**〝親密モラトリアム〟**のままです。人との深いかかわりを築きたいのにそうなれない、宙ぶらりんの状態。このことを私は〝親密モラトリアム〟と呼んでいます。

〝親密モラトリアム〟の人にしばしば見られるのが、教育心理学における**〝チャム・グループ〟**という仲間関係。同じようなカラーの友だちとベッタリつきあい、「みんなと同じ」でいることで安心を得ようとする未熟な友情です。

友だちとの話が盛り上がっても、意味のない表面的な会話ばかり。女子会やＳＮＳでいつもつながっていたい。友だちからの返信が遅いととても不安。カラーが合わない子とはつきあいたくない……。

このように、チャム・グループ的な友情を続けていると、中学生のころの仲良しグループのような関係に留まってしまいます。仲良く見えても、互いを成長させあうような関係とはいえません。

人は本来、大人へと成長するにつれ**〝ピア・グループ〟**という多様性から学びあう仲間関係に楽しみを見出していくものです。

性別や年齢を問わず、個性も価値観も異なる者同士だからこそ、たくさんの発見に気づく。個性や意見をぶつけあうことで、互いのアイデンティティを深めていく。このピア・グループ的なつきあい方は、〝親密〟な関係性のベースにもなるものです。

とはいえ、いつまでも〝チャム〟から〝ピア〟の関係性に移行できない人も少なくありません。自分のアイデンティティを見つめていないため、友だちから離れてひとりになるのが不安で、「自立した個」として他者とかかわる自信ももてないからです。〝大人思春期女子〟にも、まさにこのチャム・グループ的なつきあい方に留まったままで、〝親密モラトリアム〟を続けている人が多いのです。

現状から脱して〝親密〟な関係を目指すには、〝チャム・グループ〟に代表される表面的、依存的、同質的な人間関係を卒業し、互いの〝アイデンティティ〟にもとづいた、自立的で深いかかわりあいを体験していくことが必要です。

そして、〝親密〟を体験できると、語りあいを通じて互いの深みに触れ、互いの違

大人になるために必要な"親密"体験

"親密モラトリアム"の人は…

チャム・グループにも停滞。仲良く見えても人間関係が深まりにくい。

そこから脱すると…

ピア・グループを楽しめる。自立的な関係のなかから多くのことを学べる。

いを認めあう喜びを知ることができます。自己理解が深まるとともに他者理解も進むため、他人を思いやり、相手にとって何が必要かを考える視点も育っていくのです。

すると、〝大人のタイムカプセル〟から出てきた「心の課題」を2つともクリアでき、〝大人の思春期〟からは完全に卒業です。成熟した心は、次のフェイズである**〝世代性〟**（次の世代を育てていくこと）へと進んでいきます。

若い人たちが人生に迷い、悩んでいるときには、気持ちを受け止めてさりげなく助言し、彼らが自力で成長していけるようにうながす。おのずとそんなサポートができるようになるのです。

この段階に進むと、「人は自分のことに取り組むだけでは、幸せになれない」という「幸せのしくみ」に気づくことができます。これまでの人生で身をもって学んできたことを誰かの幸せのために役立てる。それこそが自分の幸せにつながるのだと、実感できるようになるのです。

〝親密モラトリアム〟を脱する方法

ミラクルの説明を、3人は目を丸くして聞いていた。

「〝チャム・グループ〟……。推し活で盛り上がってた友だちとの関係はまさに、そんな感じでしたね」とのぞみが言った。

「でも、のぞみさんはきっと、教員や生徒とのかかわりのなかでピア・グループ的なコミュニケーションもしてるんじゃない？」

「はい。教員同士では教育論をぶつけあったり、生徒とは人生について語りあったり、結構活発にやってますね」

「月一の勉強会で、好きな人ともたくさん語りあってるでしょう？」

「そうなんですけど、恋愛感情が絡むと急に臆病になってしまって……。勉強会が終わると、お疲れさまでした！ って私が先に帰ってしまうんですよね」

「それじゃ、相手だって取りつく島もないわよね。すでに話が弾んでいるんだから、

2人で会話をするタイミングをつくらないと」

「私、極端に奥手で……。自分からアプローチして相手の反応を見たりするのが、苦手なんですよね」

「まずは、その殻を破ることが必要そうね」


「私は人と表面的にしか、かかわってこなかったから、〝チャム・グループ〟どころかリアルな友だちもいない。雑談のしかたすら、よくわからないんですよね」と、みのりが小さい声でつぶやいた。

「難しく考えることはないわ。人から話しかけられたときに、一歩だけ相手に歩み寄るといいのよ」とミラクルは提案した。

「どうやって？」

「たとえば、『髪切ったの？　似合うね』なんて言われたときに、『ええ、まあ』って軽く受け流したりしてない？　次からは、肯定的な言葉で返してみて」

「『似合いますか？　ありがとう』とかでいいのかな？」

「そうよ。**相手の好意をちゃんと受け止めて肯定的な言葉で返す**と、相手もうれしくなって、みのりさんともっと話したくなる。この繰り返しで、人と人との心の距離は近づいていくのよ」

「私は女子会三昧がすごく楽しかったけど、結局は疎遠になってしまって。何が残ったのかなと思うと、むなしくて寂しいんです……」とめぐみがぽつりとつぶやいた。

「めぐみさんは『親友』という名でお互いを縛りつけてきたのかも、って言ってたわよね」とミラクルが尋ねた。

「はい。まさに〝チャム・グループ〟に留まるだけで、個性をぶつけあうようなつきあい方なんてしてこなかったんですよね。恋愛したい気持ちはそれぞれにあったのに、本音で語りあうことから逃げてたなって思うんです……」

「チャム・グループ的なつきあい方をしていると、友情の輪を崩さないようにと気を使って、会話が表面的になっていくのよね。ひとりになるのが怖いから、友情への依存度も高まってしまうし」

「今の彼に対しても、ずるずると依存的になってしまって……。別れてひとりぼっちになるのが怖いんです。まさに〝親密モラトリアム〟そのものです」

「彼の前には、つきあっていた人はいるの？」

「大学時代の先輩と4年間つきあっていました。その後は、1年未満のおつきあいをした人が2人います」

「先輩との関係が、めぐみさんにとっていちばん忘れられない恋愛だったのかな？」

「はい。でも突然別れを告げられて、あっけなく終わってしまいました。じつはそのショックが今でも尾を引いてて、新しい恋愛に自分から踏み込めないんです」

「めぐみさんの〝親密〟の課題は、先輩との恋愛を振り返ることから始めたほうがよさそうね。詳しく話を聞いてもいい？」

「はい、私も振り返ってみたいです」

〝親密モラトリアム〟を振り返り、失恋の原因を探る　めぐみ編

ミラクル　先輩とつきあってたのは、いつごろのこと？
めぐみ　大学3年からつきあいはじめて社会人2年目まで。24歳のときに振られました。

ミラクル　何が原因だったのかな？

めぐみ　それがよくわからないんです。「そろそろ結婚について考えない？」って切り出してから、なんとなくギクシャクしてしまって……。

ミラクル　彼は結婚に興味のない人だったの？

めぐみ　そんなことないです。私と別れてから職場の同僚とつきあって、わりとすぐに結婚してますし。

ミラクル　すると、彼は「めぐみさんとの結婚」を考えられなかった、ということなのね。

めぐみ　はい。別れ際に「めぐみは〝大人になれない人〟だから、結婚はできない」って言われちゃったんです。

ミラクル　彼の言う「大人になれない人」って、どういう意味なのかな？

めぐみ　そこがいまいちわからなくて。「一緒にいると楽しい。でも、〝2人でつくり上げる未来〟が見えてこない」とも言ってました。

ミラクル　「2人でつくり上げる未来」ね……。

Megumi　Miracle

めぐみ　私は、結婚したら子どもは2人くらいほしい、いずれは家族で海外旅行にも行きたいなぁ、なんて夢見てたんですよね。でも、彼が考える結婚は、そういうことじゃなかったみたい。

ミラクル　彼は、どんな結婚を思い描いてたの？

めぐみ　「結婚は、2人の力を合わせて〝大きな船〟をつくること。そのためには、ひとりで〝小さな舟〟を漕げること」みたいなことを言ってました。でも、これっていったいどういう意味なんですかね？

ミラクル　なるほど。彼は結婚に**「パートナーシップ」**を求めていたんだと思うな。

めぐみ　パートナーシップ？

ミラクル　個として自立している2人が人生における共同事業を営むことが、パートナーシップよ。

めぐみ　個として自立？　共同事業？　結婚にそんな小難しい考えが必要ですか？

ミラクル　彼は、結婚生活には試練や苦難もあると想定して、一緒に乗り越えていくパートナーを求めていたんじゃないかな。

めぐみ　私とでは乗り越えられないと……?

ミラクル　4年間のつきあいで、彼なりにめぐみさんの成長を見守ってきたんだと思う。でも、めぐみさんには、パートナーとして致命的に欠けている部分があったのかもしれない。

めぐみ　致命的に!?　なんだろう?

ミラクル　彼はパートナーシップに2つのイメージをもっていたようね。ひとつは「ひとりでも〝小さな舟〟を漕げる」こと。この意味はわかる?

めぐみ　彼に経済的に頼るなってこと?

ミラクル　というより、「ひとり」の世界をもっているということ。そして、「ひとり」の世界をもつ2人が、お互いの知恵や経験を活かして新たな生活を築くことが、彼が思い描く、もうひとつのパートナーシップの形なんじゃないかな。

めぐみ　つまり、「2人の力を合わせて〝大きな船〟をつくる」?

ミラクル　そう。彼は4年間のつきあいのなかで、お互いの〝小さな舟〟や2人の〝大きな船〟について、たくさん話したかったのかもね。でもめぐみさんとは、それがかなわなかったのかも。

めぐみ　「なかなか会えなくてつまんない」とか、「また旅行に行きたい」とか、そんな子どもっぽいことばかり言ってたからかな？

ミラクル　彼と「大人としての会話」をもっとできていたら、彼の気持ちは自然に結婚に向かっていったのかもね。

めぐみ　そうか。だから振られちゃったのか……。

ミラクル　ところで、彼と別れてから短期間おつきあいした人が2人いたようだけど、彼らとの恋愛はどんな感じだったの？

めぐみ　ひとり目はセンスが似てて話も合うんだけど、すごくナルシストで。いつも夢見心地で仕事も長続きしなくて……。1年もたたないうちにお別れしました。

ミラクル　2人目は？

めぐみ　いつも一緒にいてくれるから寂しくなかったんだけど、私以上に寂しがり屋で、ひとりでいることに耐えられない人だったんです。1日に何回もメッセージを送ってくるし、うっとうしくて半年で別れました。

ミラクル　結局、4年間つきあった先輩以上の人は現れなかったのね。

めぐみ　それでもう恋愛に疲れちゃって……。大学時代の親友と頻繁に会うようになったら、すごく楽になれたんです。でも、結局は女子会も消滅しちゃって、あとはお話ししたとおりです。

ミラクル　そうなのね。で、めぐみさんはこの先、どうしていきたいの？

めぐみ　やっぱり、結婚につながる恋愛がしたいなぁ。

ミラクル　でも、今の不倫の関係を続けてたら、その夢はかなわないわね。

めぐみ　そうですね。一緒に人生を歩める人と出会って、ちゃんと恋愛しなきゃ。

ミラクル　それには、恋愛においても〝大人の思春期〟を卒業しないとね。

めぐみ　でも、どうしたらいいんでしょう？

ミラクル　パートナーシップを実らせる〝4つのタネ〟を育てていきましょう。

めぐみ　**〝4つのタネ〟!?**

ミラクル　〝4つのタネ〟は誰の心にも内在している、パートナーシップを実らせるためのエッセンスよ。育て方については、今から詳しく説明するわね。

めぐみさんは、恋愛経験を振り返ることで、パートナーシップの大切さに気づいたみたいだニャ。次は“4つのタネ”の育て方を見ていこうニャ！

5章

未熟なタネを育てて、パートナーと“親密”な関係を築く

ミラクルさんの
心理学講座

パートナーシップの〝4つのタネ〟とは？

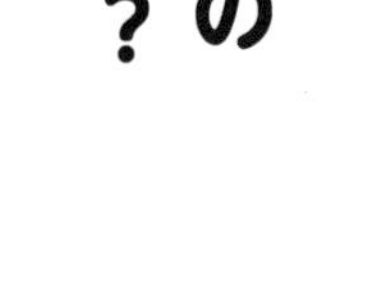

Miracle

「大人のタイムカプセル」の2つ目の課題、〝親密〟を濃く深く学べるのは、なんといっても「**恋愛**」です。

恋愛は、好きになった人と心と体を重ねあわせて愛しあう〝親密〟な関係のこと。恋愛が熟成すると、いずれは「パートナーシップ」へと発展します。

パートナーシップとは、自立した2人が力を合わせ、人生における共同事業を営む関係です。パートナーシップが育まれると、2人には自然に「一緒に暮らそうか」「そろそろ結婚を考えようか」といった目標が見えてきます。2人の力でまったく新しい生活に挑戦していこう、というビジョンがわいてくるのです。

つまり恋愛は、永続的なパートナーシップを育むための練習の場だといえます。

この練習の場で、カップルは「愛情」という大地に立って、パートナーシップを実

2人で育てる"4つのタネ"

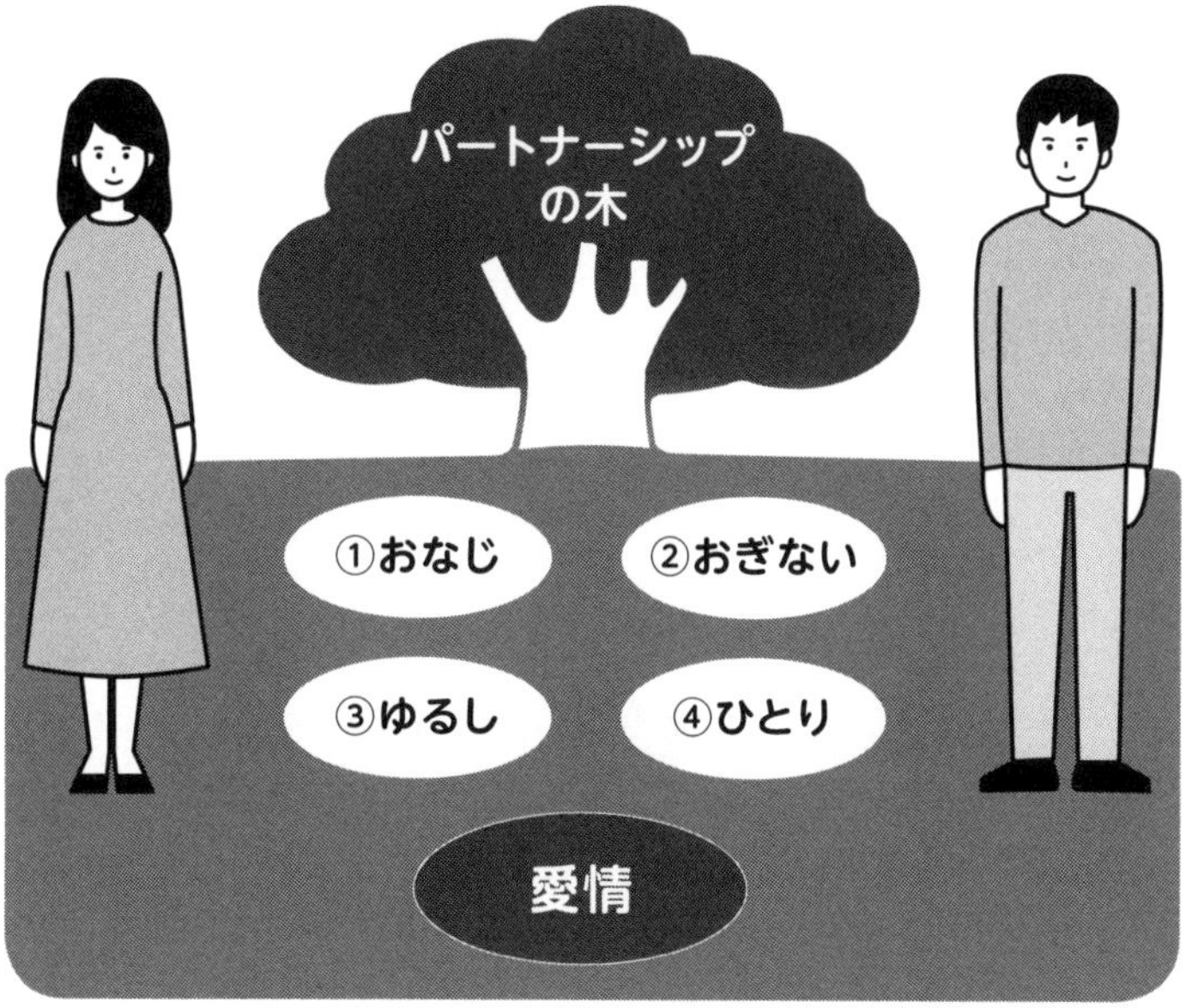

らせる4つのタネを育てながら、お互いが唯一無二のパートナーになれる人なのかを吟味する。私は恋愛をそのようにとらえています。

　パートナーシップを実らせるタネには、①「**おなじ**」、②「**おぎない**」、③「**ゆるし**」、④「**ひとり**」という名前がついています。

　図のように、〝4つのタネ〟を2人で育てて、「パートナーシップの木」を大きくしていくイメージです。それぞれのタネの特性について紹介しましょう。

パートナーシップを実らせるタネ①「おなじ」

好きな人と一緒にいると楽しくてワクワクしますし、やすらぎの気持ちや信頼の感情も生まれます。それは、2人が「おなじ」気持ちをたくさん共有しているから。2人の間にたくさんの共感があるからです。

同じものを見て「いいね」「すてきだね」とほほえみあい、同じものを食べて「おいしいね」「また食べたいね」と感動を分かちあう。感動ポイントが「おなじ」だと「私たちは合うなぁ」と感じ、2人の楽しい生活を思い描けるようになります。

とはいえ、そもそも人の興味や考え方には、異なる部分が多いもの。彼女は仕事を通じて感じたことをたくさん話したい。でも、彼は仕事を家庭にもちこまないタイプ。世の中には、こんなちぐはぐなカップルであふれています。

それでも大丈夫。互いの話が合わなくても、何かに夢中になったり一生懸命になったりする気持ちは、「おなじ」。ひとりの人間として懸命に生きていることに注目すれば、共通点が多いと感じられます。

相手が話を聞いてほしいときには、じっくり耳を傾けて温かく受け止める。自分が大切にしている思いも相手に聞いてもらう。話題は異なっても、互いが話したいことを「おなじ」レベルまで深めて心情を受け止めあえれば、**「共感性」**は高まります。

楽しいときも苦しいときも、素直な思いを共有できる相手だと感じると、相手の前では無理せず、飾らず、等身大の自分でいられます。

パートナーシップを実らせるタネ ②「おぎない」

人は、「自分にはないもの」をもつ他者に魅力を感じるもの。そして、足りない部分を「おぎない」あえる人だと感じると、いつまでも一緒にいたいと感じます。

カップルは、互いの異なる個性や行動スタイルこそが「自分にない魅力」です。だからこそ、つきあいつづけることで互いに視野を広げ、互いを成長させていくことができるのです。

ですが残念なことに、異なる部分の多いカップルは、互いの違いを受け入れられずに別れてしまうことが多いものです。フィーリングや考え方が合わないことを別れの理由にあげる人は多いものですが、自分の一方的な視点で相手をとらえ、自分に合わせてほしいと強く思ってしまうと、カップルの交際はうまくいきません。

では、フィーリングや考え方がばっちり合うなら、うまくいくのでしょうか？　そう単純ではありません。

2人して同一の考えに凝り固まると、視野が狭くなり、柔軟性を失ってしまいます。客観性も乏しくなり、自分たちの考えに合わないものを排除するようになってしまいます。これでは、互いの心を育てあうことができません。

カップルがつきあううえで大切なのは、「2人の考え方や行動スタイルは違っているのがあたりまえ」だととらえておくことです。

異なる部分が多いからこそ、たくさんのことを学びあえる、苦手なことをサポートしあえる。カップルは足りない部分を「おぎない」あうことで、それぞれの個性を活かすことができるのだと考えるとうまくいきます。

つまり、「**相補性**」を大事にすると、カップルは互いを窮屈にさせることなく、尊敬とときめきを感じながら、長くつきあっていくことができるのです。

パートナーシップを実らせるタネ ③「ゆるし」

カップルには、「愛してるのに憎らしい」「期待してるのに不安になる」といった両極端な感情がたびたび生じます。これを精神分析学では「**アンビバレンス**」（両価的な感情）といいます。

人を好きになると、相手にたくさん期待を込めてしまうもの。期待をすると裏切られることへの不安も増えます。期待が外れると、愛してるのに憎らしくも感じます。

こうした思いにかられたときに必要なのが、「ゆるし」。つきあっていれば、期待が外れることも多く、アンビバレンスが生じることもあると認めていくことです。

カップルが互いに「**許容性**」を高めていくと、恋愛はとても自由で、のびやかなものになります。一方で「恋愛はこうすべき」といったこだわりが強いと、そのとおりに行動してくれない相手に対する不満が募ってしまいます。

自分の一方的な考えでジャッジせず、相手の考え方や行動の傾向を理解する。どうしても認められないこと以外は、受け流していく。

そのうえで、相手の行動に対して不安や不快感を覚えること、相手に期待したいことを冷静に伝えて話しあっていきましょう。

話しあいの際には、一方的に責めないこと。「こう言われるとつらくなる」という素直な気持ちを伝えてから、「こうしてくれると助かる」という希望を伝える。

自分の思いへの理解をうながし、相手に希望することをはっきり言葉にする習慣を共有すると、互いの理解は深まります。すると、一方だけが我慢しつづけることのない居心地のよい関係をつくることができるでしょう。

パートナーシップを実らせるタネ ④「ひとり」

人を好きになると、身も心もひとつになって溶けあいたいと願うもの。カップルはひとつになることで、自分ひとりではつくりだせない「たからもの」（快感、気づき、新しい生命など）を生み出すことができます。

とはいえ、2人が溶けあう感動を味わえるのはほんの一瞬で、その感動が大きければ大きいほど、離れているときには孤独を感じてしまうものです。

パートナーがいないと自分のバランスを保てず、いつでも一緒にいたいと感じる人もいます。でも、これでは人が個として生まれてきた意味がありません。

2人の関係を長く続けるには、パートナーから離れた「ひとり」の世界をもつこと。つまり、2人で過ごす時間を楽しむとともに、自立した大人として、それぞれの人生も充実させていくことがパートナーシップには必要なのです。

そのためには3章で紹介したように、〝3つのプレイス〟のバランスをしっかり保つことも必要です。2人で家庭を築くなら、それぞれが職場や生きがいの場をもち、互いの「**自立性**」も大切にすることです。

「ひとり」を楽しめる人は、2人の時間をいつくしむことができます。一緒にいられる時間が限られているからこそ、2人でいられるひとときを大切に思えるのです。

こうして2人が〝4つのタネ〟を育てると、お互いをかけがえのないパートナーだと感じ、「この人となら人生をともにしていける」と感じるようになります。

今、パートナーがいない人は、自分の心のなかで〝4つのタネ〟を育てる意識をもちましょう。すると、いずれ出会うパートナーにも〝4つのタネ〟の大切さを伝え、一緒に育てていくことができるでしょう。

まだ未熟な〝4つのタネ〟を育てていくには

ミラクルの話を聞き、３人は大きなため息をついて、顔を見合わせた。

「恋愛って大変ですね。好きという気持ちだけじゃ続かないんだ……」とのぞみ。

「だから、疑似恋愛のほうに夢中になる人が増えてるのかも」とみのり。

「そうね。でも、ファンタジーの世界に浸っても、〝親密〟の学びは得られないわ。現実の恋愛で、相手と正面からかかわりあわないとね」とミラクルは答えた。

「私の恋愛は、自分の勝手な思いばかりをぶつけてたから、パートナーシップにまで至らなかったんですね……」とめぐみがしょんぼりとつぶやいた。

「過去の失敗にとらわれないで。この先に出会う彼との間で〝4つのタネ〟を育てていけば、きっと素晴らしいパートナーシップが築けると思うわ」とミラクルは答えた。

「〝4つのタネ〟を育てられないと、どうなっちゃうんですか？」とのぞみが尋ねた。

「何度恋愛をしてもパートナーシップには発展しないし、未熟な相手ばかりを引き寄せてしまうこともある。体だけが目的の人や〝大人思春期男子〟とか」とミラクル。

「大人思春期男子!?」

「進むべき道が定まらなくて、その不安から逃れるために現実逃避をくりかえしている男性ね。理想ばかりを求めて地に足がつかない人や、ひとりでいられなくて恋人に依存したり、恋人を支配したりしてしまう人がそうね」とミラクルは言った。

「つまり、〝大人思春期女子〟の男性版?」

「そう。似た者同士だから引きつけあってしまうの。2人がともに〝大人のタイムカプセル〟に向きあう覚悟をもたないと、互いの成長を阻害しあってしまうわね」

「短期間つきあってた人は、2人ともそんな感じだったな。ひとり目は夢見がちで、2人目は依存的。一緒にいても、前に進む希望がわかなかった」とめぐみは答えた。

「〝4つのタネ〟を育てるには、どうしたらいいんですか?」とのぞみが聞いた。

「自分のなかでタネがどの程度育っているのか、レベルをたしかめるといいわね。さっそく、めぐみさんの例でチェックしてみましょう」

A ＝ 十分育ち、実現できている
B ＝ ある程度は育っている
C ＝ まだ育たず、実現できていない

③ゆるし

成長レベル

11. 自分の「あたりまえ」を相手ができないのは、自然なことだと認めている

12. 「してほしいこと」をしてもらえないこともある、と受け流せている

13. 「恋愛はこうあるべき」という既存の枠組みにとらわれていない

14. 期待が裏切られることがあっても、深い部分ではつながっていると感じている

15. 愛しあっているのに満たされないことがある、という矛盾を受け入れている

④ひとり

成長レベル

16. 会えない期間が長くても、ひとりの時間を十分に楽しんでいる

17. 恋愛はとても大切だが、恋愛より優先させたいものももっている

18. 会えないのは「不安な時間」ではなく、次までの「楽しみの時間」である

19. 「相手のことを考える時間」と「考えない時間」のメリハリがある

20. パートナーはいちばん大切だが、友人や知人とのつきあいも大切にしている

実現度はどれくらい？

“４つのタネ”成長レベル診断

現在進行中の（または過去に最も思い入れのあった）恋愛を思い浮かべ、自分自身が各項目をどれくらい実現できている（実現できていた）のかを、Ａ〜Ｃのいずれかで評価してみましょう。

①おなじ

成長レベル

1. 好きなものやすてきだと思うものが一致したら、言葉にして喜んでいる
2. 相手の話題に興味がなくても、「話したい気持ち」に寄り添っている
3. 自分が大切にしていることを相手に伝えている。相手が大切にしていることも聞いている
4. 相手のつらい心情や怒り・不安などの感情を受け止め、理解している
5. 生きる姿勢、人生への態度は相手と「おなじ」だと感じられる

②おぎない

成長レベル

6. 相手が知らないことをたくさん教え、自分の知らないことも相手からたくさん聞いている
7. 相手のすてきな部分を言葉にして伝え、そこからいろいろ学んでいる
8. 相手の欠けている部分を否定せず、得意なことでカバーしてもらっている
9. 自分が苦手で相手が得意な分野は、相手を信頼して任せている
10. 「異なる部分が多いからこそ２人は一緒にいる」と思える

"4つのタネ"成長度をチェック　めぐみ編

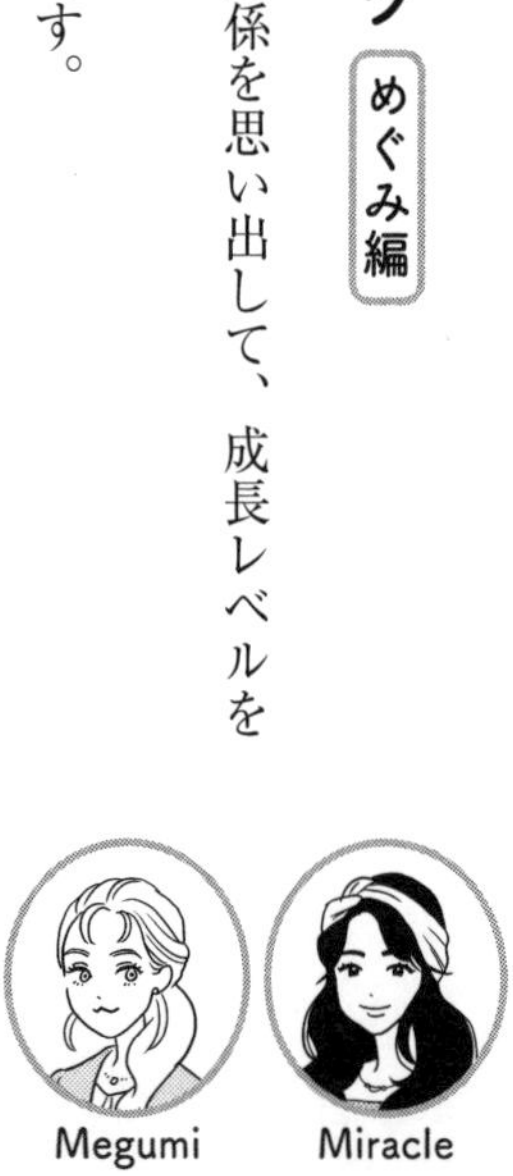

ミラクル　めぐみさん、先輩との関係を思い出して、成長レベルを評価してみてね。

めぐみ　書けました。こんな感じです。

めぐみの診断結果

①おなじ		②おぎない		③ゆるし		④ひとり	
1.	A	6.	C	11.	C	16.	C
2.	B	7.	B	12.	C	17.	C
3.	C	8.	C	13.	C	18.	C
4.	B	9.	B	14.	B	19.	C
5.	C	10.	C	15.	C	20.	B

ミラクル　4つのタネのすべてに「C」（あまり育っていない要素）があるようね。

めぐみ　「ゆるし」や「ひとり」なんて、ほとんどが「C」です。

ミラクル　「こうあるべき」という気持ちや、ひとりの時間を楽しめない気持ちが強いのかな？

めぐみ　だから先輩は息苦しかったのかも。会えない日が続くと、いつも疑心暗鬼になってつらかったです。

ミラクル　今の彼にも、同じような気持ちがわいているの？

めぐみ　基本的には同じです。彼に家庭があることをわかってるのに、休日に「会いたい」ってメッセージを送ってしまったり……。

ミラクル　苦しまずに恋愛できるようになるためにも、〝4つのタネ〟をまんべんなく育てていく必要がありそうね。

めぐみ　でも、どうやって？

ミラクル　この紙（※次ページ）に〝4つのタネ〟を育てるためのアプローチをまとめているわ。チェック表で「C」と評価した行動から意識しておこなうといいのよ。

めぐみ　「C」が13個もあるんですけど。できるかな？

ミラクル　大切なのは、欲張らないこと。まずは、①～④からひとつずつ、できそうなものを選んでみて。

めぐみ　先輩との関係はもう終わったことだけど、今ならできそうなこととして選べばいいんでしょうか？

ミラクル　そうよ。選んだ番号を記入して、「具体的にできること」も書いてみてね。

③ゆるし

11. 自分の「あたりまえ」を相手ができないのは、自然なことだと認める
12. 「してほしいこと」をしてもらえないこともある、と受け流す
13. 「恋愛はこうあるべき」という既存の枠組みにとらわれないようにする
14. 期待が裏切られることがあっても、深い部分ではつながっていると信じる
15. 愛しあっているのに満たされないことがある、という矛盾を受け入れる

▼取り組むのは?

No.

▼具体的にできること

④ひとり

16. 会えない期間が長くても、ひとりで楽しめることを見つける
17. 恋愛より優先させたいものを少なくともひとつつくる
18. 会えない時間に不安なことを考えず、次回会うときの楽しみ方を考える
19. 「相手のことを考える時間」が長くなったら、何か別のことをする
20. ときにはパートナーより、友人や知人とのつきあいを優先させる

▼取り組むのは?

No.

▼具体的にできること

実現度を高める！

“4つのタネ”を育てるアプローチ

成長レベル診断で「C」（なければ「B」）がついたものを、ひとつずつ選んで、「具体的にできること」を書いてみます。無理せず、すぐにできそうなことを書きましょう。

①おなじ

1. 好きなものやすてきだと思うものが一致したら、言葉にして喜ぶ
2. 相手の話題に興味がなくても、「話したい気持ち」に寄り添ってみる
3. 自分が大切にしていることを相手に伝え、相手にも話してもらう
4. 相手のつらい心情や怒り・不安などの感情を受け止め、理解に努める
5. 生きる姿勢、人生への態度に共通する部分を見つける

▼取り組むのは？

No.

▼具体的にできること

②おぎない

6. 相手が知らないことを教え、自分の知らないことをたくさん聞く
7. 相手のすてきな部分を言葉にして伝え、そこからいろいろ学んでいく
8. 相手の欠けている部分を否定せず、得意なことでカバーしてもらう
9. 自分が苦手で相手が得意な分野は、相手を信頼して任せる
10. 「異なる部分が多いからこそ２人は一緒にいる」と思えたできごとを想起する

▼取り組むのは？

No.

▼具体的にできること

ミラクル　めぐみさん、書けたみたいね。

めぐみ　それぞれ、こんな感じです。

①おなじ
No.3　自分が大切にしていることを相手に伝え、相手にも話してもらう
具体的にできること⬇語りあう時間を増やす。自分からその機会をつくる

ミラクル　2人には価値観が似ている部分も多かったのかな？

めぐみ　はい。「世の中のためになることをしたい」とか「人の幸せを考えたい」とか、そういう思いは同じでした。でも、いつのまにか話さなくなっていたんですよね。

ミラクル　今なら、めぐみさんから話題を振って、語りあいの機会をつくれそうね。

②おぎない
No.6　相手が知らないことを教え、自分の知らないことをたくさん聞く
具体的にできること⬇それぞれの得意分野の「ひとくち講座」をひらく

ミラクル　なるほど。正反対の個性だからこそ、お互いが「先生」になって教えあうということね。どんな分野を教えられそう？

めぐみ　彼ならロジカルシンキング、私ならビジネスマナーの先生になれるかなあ。週末に1回、5分程度の「ひとくち講座」だったら、負担なく続けられるかも。

ミラクル　お互いの仕事でも活かせるかもしれないわね。

③ゆるし

No.12「してほしいこと」をしてもらえないこともある、と受け流す

具体的にできること⬇デートができなくても嘆かない。デートができたら大いに喜ぶ

ミラクル　なかなかデートもできなかったのね。彼はとても忙しかったのかな？

めぐみ　出張も多かったので、週末は家でのんびりしたかったんでしょうね。食事に出かけることすら、おっくうそうな日もありましたし。

ミラクル　でも、今ならそんな彼の思いを察してあげられそうね。

めぐみ　はい。週末は「デートできたらラッキー」くらいに思っていたほうが、楽につきあえそうです。

④ひとり
No.16　会えない期間が長くても、ひとりで楽しめることを見つける
具体的にできること⬇彼に頼らない趣味をもつ。登山をひとりでやってみる

ミラクル　彼のいないサードプレイスを充実させるってことね。登山に興味あるの？

めぐみ　やったことないんですけど、もっと強い自分になりたいって思いがあって。でも、「誰か連れてってくれないかな」って思うばかりで、実現しなくて……。まずはひとりで登ればいいんですよね。近場の低山から始めてみます。

ミラクル　今、書きだしたことをできるようになったら、それ以外の「C」評価の行動も書きだして、できる範囲で実行してみるといいのよ。

めぐみ　でも、今の彼との間で〝4つのタネ〟は育てられないなぁ……。

ミラクル　彼は「人生のパートナー」にはなれない人。関係にけじめをつけるには、

ゆるし

「予言の自己成就《じょうじゅ》」の心理効果を活用してみましょう。

めぐみ　**予言の自己成就!?**

ミラクル　未来について思うことを口に出すと、その言葉が「予言」として意識され、予言に沿った行動をとるようになる、という社会心理学の概念なのよ。めぐみさんが目指す未来を一言で表すと、どうなる?

めぐみ　人生のパートナーと出会うこと、です。

ミラクル　そのために、今することは?

めぐみ　彼と別れる。きっぱりと。

ミラクル　2つの言葉をつなげて「予言」にしてみて。

めぐみ　**「私は彼ときっぱり別れて、人生のパートナーと出会います!」**

ミラクル　その言葉を紙に書いて部屋に貼っておくこと。そして、彼にははっきり伝えなさい。すると、けじめをつけて別れられるわ。気持ちが揺らいだら、何度でも予言を唱えて初心を取り戻すのよ。

めぐみ　なるほど。やってみます！

〝大人の女性〟になるために必要な「親ばなれ」の意味

時計の針は3時を回った。

めぐみとのぞみは、ミラクルの解説を終始うなずきながら聞いていたが、みのりはひとり眉間にしわを寄せ、腕組みをしていた。

「あのぉ、恋愛が自分を成長させてくれるものだってことはよくわかったんですけど、私は〝親密〟どころか〝アイデンティティ〟もあいまいで、ミラクルさんの話に今ひとつ、ついていけないんです……」

と、みのりが遠慮がちにつぶやいた。

「みのりさんは、自宅の居心地がよすぎる、って言ってたわよね」

「はい。だから、休みの日もずっと家で過ごしてます」

「前に〝心理的離乳〟について説明したこと、覚えてる？」

「親から精神的に自立して、頼らないようにすることですよね」

「そう。自立するには、まず親の世話になっている現状を変えないとね。そうしないと〝大人のタイムカプセル〟をあけられないと思うわ」

「つまり、親ばなれが必要ってことですか？」

「そうね。みのりさんが〝アイデンティティ〟や〝親密〟の課題に取り組めないのは、そのせいだと思う」

「……実家を出なきゃいけないんですかね？」

「その前に〝死と再生〟のテーマについて考えてみましょう」

「死と再生!?」

「本来は思春期の子が向きあう課題だけど、〝大人思春期女子〟にとっても大切な課題よ。なぜ親ばなれする必要があるのかが、理解できると思うわ」

「ちょっと怖いけど、詳しく教えてください！」

みのりさんは、なぜ自分だけ向きあえないのかに気づいたみたいだニャ。最後は「自立」を通じて“大人のタイムカプセル”をあける方法を考えるニャ

6章

大人になるための基礎を築く “巣立ち”のテーマ

ミラクルさんの
心理学講座

自分らしい人生を歩むための〝巣立ち〟とは？

Miracle

ここまで〝大人のタイムカプセル〟に含まれる2つの課題（〝アイデンティティ〟と〝親密〟）について紹介してきました。

〝アイデンティティ〟を深めることや、他人（とりわけパートナー）との〝親密〟を経験することが、大人になるためには必要。そう頭で理解しても、いまひとつ課題に取り組む気になれない人もいるかもしれません。

原因のひとつに考えられるのが、**〝巣立ち〟**すなわち「親からの自立」が十分にできていないという可能性です。

多くの場合、社会人になって親元から離れて生活するときが〝巣立ち〟のタイミングです。

しかし、社会人になっても親の世話になりつづけていると、経済的な負担をかけていなくても、子どものころと変わらない生活を送ることができてしまいます。

社会人になっても親と同居する女性は、昔も今も多数派です。ですが、〝巣立ち〟の意識には大きな違いがあるように思います。

かつては、いつ家庭をもっても困らないよう、親元にいるうちにひととおりのライフスキルを覚え、巣立ちの準備を進める女性が圧倒的に多かったのです。

一方、結婚を前提とした人生があたりまえではなくなった現代では、「いずれは古巣を出て、自分で新たな巣をつくる」という可能性を想定せずに、実家で生活しつづける人が増えているように思います。

親自身にも、「娘は嫁に出すべし」という昔ながらの価値観を押しつけるより、本人の選択に任せたいと考える人が多くなりました。世間も、他人のことや他の家庭のことに口出しをしないようになりました。

「選択の自由」と「生き方の多様性」が尊重されるという意味では、素晴らしいことです。他方で、親の世話に甘え続ける環境のなかでは、〝巣立ち〟の意識はどうしても育ちにくくなります。たとえ経済的には自立していても、どこか大人になりきれない部分が残りやすくなるのです。

〝巣立ち〟は、深層心理学で**〝死と再生〟**といわれる、自己成長の重要なテーマ。親の庇護《ひご》のもとで育ってきた「子どもの自分」にピリオドを打ち、「大人の自分」に生まれ変わることを意味します。〝巣立ち〟は、まさにこの〝死と再生〟の体験を通して、大人になることなのです。

〝巣立ち〟をすると、自由と解放感を覚える一方で、地図のない道を歩いていくような心細さ、不安や苦労も経験しなければなりません。それでもネガティブな思いに呑《の》み込まれず、他人の助けを借りながら自力で試練を乗り越える体験が、子どもを大人へと変えてくれます。

「自分らしい人生」とは何かという問いに真剣に向きあうと、必ず〝巣立ち〟すなわち「親からの自立」というテーマに、向きあっていくことになります。

現代は、親や世間から〝巣立ち〟を強要されることが少なくなりました。だからこそ、大人としてこれからの人生をどう生きるのかを考え、自分自身で〝巣立ち〟の計画を立てて、親からの自立を果たしていくしかないのです。

試練が人を成長させる…“巣立ち”のしくみ

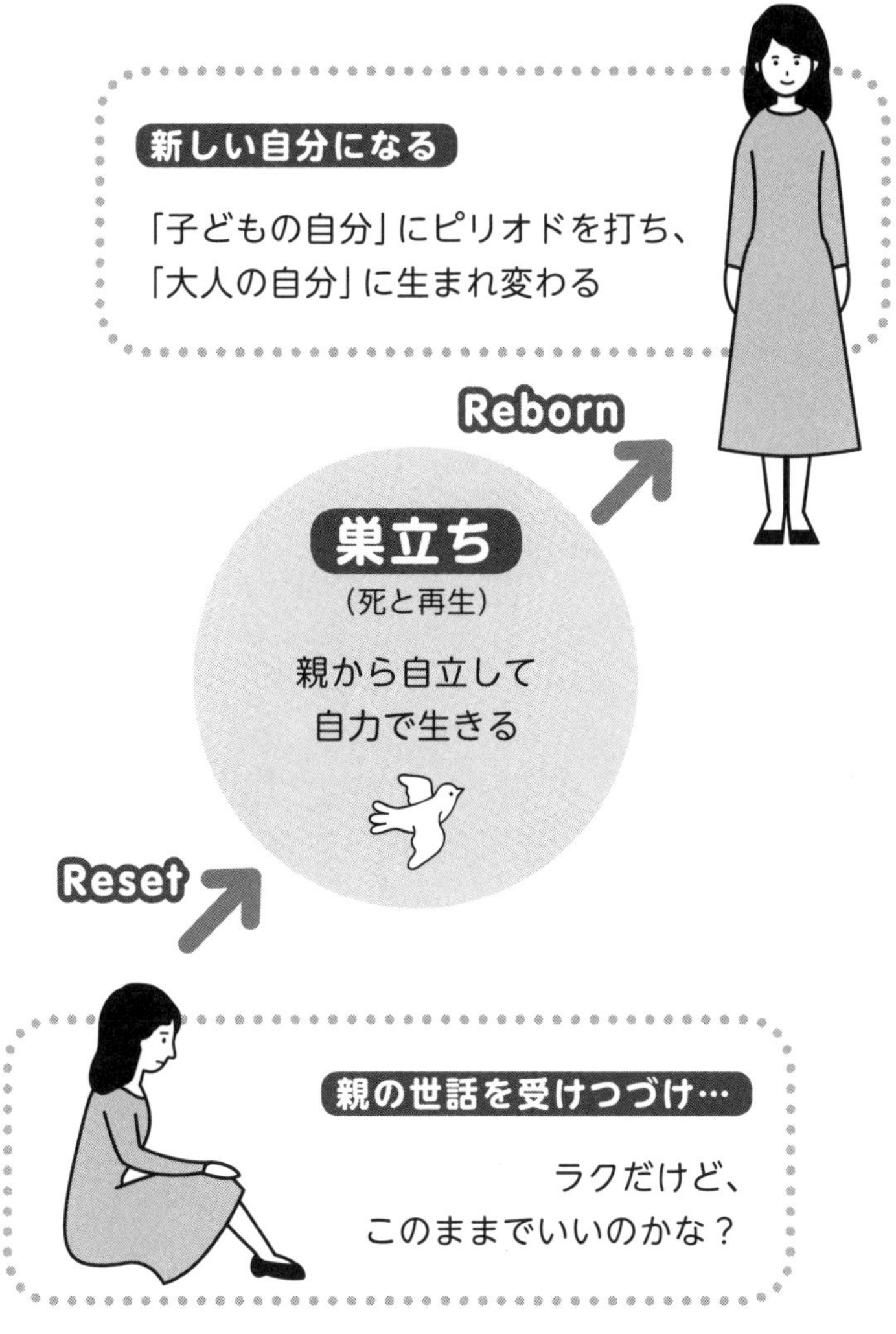

疑似体験で〝巣立ち〟を果たせるか

ミラクルの話を聞き、3人はこれまでの自分を振り返っていた。

「〝巣立ち〟への思いは人それぞれだと思うけど、みなさんの場合はどう?」とミラクルが尋ねた。

「私は、就職とともにひとり暮らしを始めました。思えば、そこが〝巣立ち〟のタイミングだったのかな」とのぞみがつぶやいた。

「私は、大学入学と共にひとり暮らしを始めてから、〝巣立ち〟が始まったのかも。彼氏や友だちに甘えてばっかりで、自立できないところもあるけど……」とめぐみ。

「私は〝巣立ち〟どころか、これといってはっきりした苦労も経験してないんですよね。中学と高校はエスカレーター式で、大学は推薦入学。就職活動も親の言うとおりに進めてきたし……」とみのりがぽつりと語った。

「みのりさんは、仕事が終わるとすぐに帰宅して、休日もほとんど家の中で過ごしてるって言ってたわよね。実家の居心地がとてもいいのね」とミラクルが尋ねた。

「はい。アニメオタクだから、自分の部屋にいるのがいちばん幸せです。親はうざいけど、どうしても家を出てやる！　ってほど嫌でもないし」とみのり。

「そういえば、みのりさんはガンダムやエヴァンゲリオンに夢中になっているようだけど、どんなところに惹かれているの？」とミラクルは尋ねた。

「登場人物に、無性に惹きつけられるんです」とみのり。

「ガンダムやエヴァは、〝巣立ち〟をテーマとした物語よね。少年たちが敵に立ち向かうことで、大人に成長しようとするストーリー。その少年たちの姿に、みのりさんの心のなかにある**〝本当の願望〟**を投影しているんじゃないかな？」

「本当の願望……」

「つまり、はっきりした〝巣立ち〟の体験がないから、登場人物と一緒になってそのプロセスを味わってるのかもしれない」

「ええ⁉　登場人物と一緒に親ばなれをしようとしているってこと？」

「そうかもしれない。ところで、少年たちが戦っている**〝敵〟**の正体は何だと思う？」

「地球の平和を壊す侵略者ですよね。敵にも何かを投影してるんですか⁉」

「人はわけもなく惹きつけられる対象に、心のなかにある思いを投影しているからね。みのりさんの心のなかにも、打ち勝ちたい何かがあるんじゃない？」

「それって、もしかして〝私自身〟⁉」

「もっと具体的に言うと？」

「**こんな私のままじゃなぁって思いながら、変えられない自分**とか？」

「するどいわね……。ところで、長い間、自分をアニメの登場人物に投影してきて、現実のみのりさんに何か変化はあった？」

「とくに何も……」

「アニメでは〝巣立ち〟の疑似体験ができるけど、現実に体験してるわけじゃないから、何も変わらないのかもしれないわね」

「グサッときますが、当たってる」

「だから、アニメの登場人物にいくら自分を重ねても、実際のみのりさんには親ばなれの機会が訪れないんじゃないかな？」

「そうか。そうなのかも……」

「**何かに無性に惹きつけられるのは、それが成長に必要な〝サイン〟だから**よ。サインが何を告げているのかをよく見極めて、現実の世界のなかで取り組んでいかないと、次のステージには進めないわ」とミラクルは言った。

「つまり、モヤモヤは続くのに〝大人のタイムカプセル〟はあけられないってこと?」とみのりは尋ねた。

「そう。でも〝巣立ち〟の計画を立てて実際に取り組み始めたら、〝アイデンティティ〟や〝親密〟の課題は現実的なものに感じられると思うわ」

「〝巣立ち〟の計画って、どう立てればいいんでしょうか?」

「その前にまず、みのりさんの親子関係や実家での生活を振り返ったほうがよさそうね」

「そうですね。ちょっと怖いけど、私も振り返ってみたいです」

大人になるために必要な〝3つの自立〟を見直す　みのり編

ミラクル　まずは、お母さんとの関係を振り返ってみましょう。お母さんを「うざい」って言ってたけど、一方で、いないと不安な気持ちも強いようね。

みのり　はい。母は細かいことによく気がつくし、先回りして何でもやってくれるので。進学も就職も、親が勧めるところに決めてきました。

ミラクル　「自分でやらなきゃ」と感じる必要もなかったのかな。

みのり　もう28歳だし、何でも自分で考えておこなうべきなんでしょうね。でも、そう思う矢先から、お母さんが先回りして考えてくれるし、それがいつも「正解」だから、つい「お母さんの言うとおりでいいや」って依存してしまうんですよね。

ミラクル　依存しながらも、〝巣立ち〟への思いは生じてるのよね。

みのり　はい。コロナ以降、強くなってます。でも、今の私にひとり暮らしはハードルが高いですし、仮に始めても母が毎日、助けにきそう。どうしたらいいのかなぁ。

ミラクル　実家にいながらも、自立できることを増やしていくことが必要ね。〝3つの自立〟に取り組んでみましょう。

みのり　**〝3つの自立〟!?**

ミラクル　これはソーシャルワークなどの分野でしばしば登場する概念。次の3つ

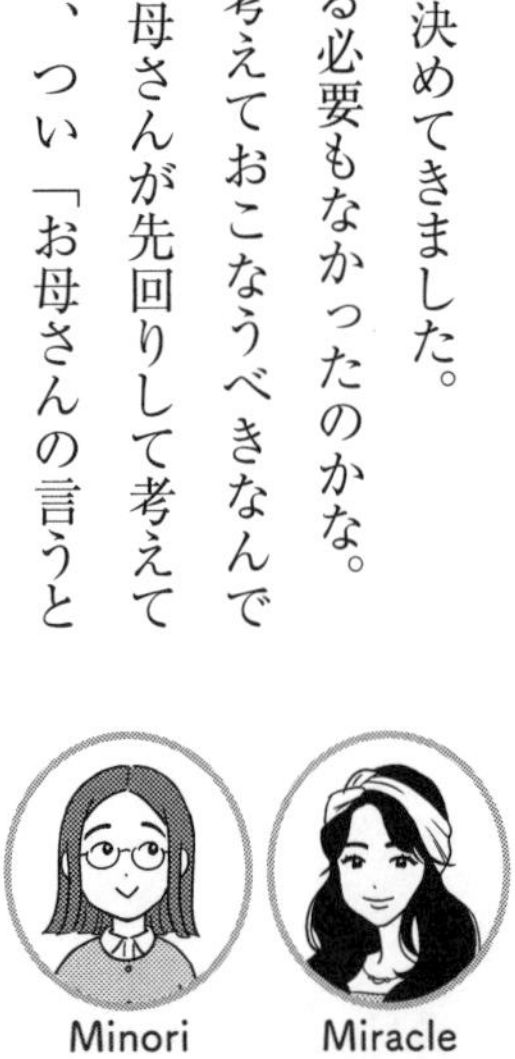

テーマを自立させて生きていくことなのよ。

①お金の自立…生活ができる収入を得て、日々の生活と将来のためにお金を回していること

②こころの自立…自分の人生に責任をもち、社会とかかわりながら、人や物に依存せずに生きていること

③生活の自立…家事を誰かに任せっぱなしにせず、生活上のことを自分で切り回して暮らしていること

みのり　う～ん。3つともできてないかも。趣味にお金を使いすぎた翌月は、実家に生活費の支払いをしてないこともあるし、母がそばにいないとどこか不安だし、家事はほとんどやってないし……。

ミラクル　それなら、今が始めるチャンスね。難しく考えずに、できることから取り組んでいけばいいんじゃないかな。「〝3つの自立〟できることシート」（※次ページ）から、興味のあるものやできそうなことを選んでみましょう。

②こころの自立

□ 嫌なことがあっても安易にSNSでつぶやかない

□ 嫌な気持ちになったら1分間深呼吸する

□ 「なりたい自分」について1日1回考える

□ 寝る前に、1日頑張った自分をほめる

□ 交友関係を限定せず、いろいろな人とかかわる

□ 何かひとつテーマを決めて勉強する

□ 趣味の物を自室内の1か所にまとめる

□ 趣味は一定の時間内でおこなう

□ 人や社会のためになることを何かひとつおこなう

□ たとえ雑談でも人としっかり話をする

上記以外で できそうなこと:	

③生活の自立

□ 自分の朝食は自分でつくる

□ 身の回りの物は自分で片づける

□ 自分専用の生活用品は自分で買う

□ 夕食後の食器は家族の分も自分が洗う

□ かんたんなDIYをマスターする

□ 自分の弁当は自分でつくる

□ 自分の洗濯物は自分で洗う

□ 家庭のごみは私が捨てる

□ 週に1回は家族のために料理をつくる

□ 月に1日は親を休ませ、家事を全部おこなう

上記以外で できそうなこと:	

実家暮らしの人向け

“3つの自立”できることシート

「気になるもの」「やってみようかなと感じるもの」を選び、できる範囲で実践してみます。1か月後、元の自分との変化（気持ちや考え方、行動など）を振り返ってみましょう。

①お金の自立

- [ ] 趣味の物を買う前に、最低1日置く
- [ ] おこづかい帳をつける
- [ ] ひと月の趣味と生活にかかる出費を把握する
- [ ] 財布を２つに分ける（生活用／趣味用）
- [ ] 収入の３分の１以内で趣味を楽しむ
- [ ] 実家に入れる生活費を月1万円増やす
- [ ] 親の資産をあてにしない
- [ ] 将来の資産形成の勉強をする
- [ ] 積立（貯金や投資信託）を始める
- [ ] 親の記念日には食事をおごる

上記以外でできそうなこと：	

ミラクル　〝3つの自立〟について、具体的に取り組めそうなことにチェックマークをつけてみましょう。無理をせずに、今すぐにできそうなものを選んでみてね。

みのり　じゃあ、まずはこれをやってみようかな。

①お金の自立

✓趣味の物を買う前に、最低1日置く

みのり　気に入った物を見つけると、すぐにクリックして買うくせがあるんです。こんなお金の使い方じゃダメだってずっと思ってたんですよね。でも、これからは買うまで1日置くことにしようかな、と。

ミラクル　今までの習慣を何もかもやめるのはつらいけど、ステップを低くして一段ずつクリアしていけば、負担なく続けられそうね。

②こころの自立

✓嫌なことがあっても安易にSNSでつぶやかない

✓趣味の物を自室内の1か所にまとめる

みのり　私には、何か少し嫌なことがあったりすると、SNSや物に頼ってすぐに自分を癒そうとするところがあって……。そのくせを直そうと思います。

ミラクル　嫌なことはすぐに吐き出さず、まず自分の腹で消化してみる。そして、自分を癒してくれる物と適度な距離をとってつきあうということね。

③生活の自立

✓自分の弁当は自分でつくる

ミラクル　お弁当を自分でつくると、自然に食生活のことを考えるようになりそうね。

みのり　はい。いきなり家族の料理をつくるのはハードル高いですけど、お弁当づくりからならできそうかなぁって。

ミラクル　そうね。食の自立は「生活の自立」の要、だもんね。

みのり　できることから、やっていこうと思います。

「未来像が見えない…」という悩みから脱け出す方法

時計の針は4時を回り、外の雨はもうやんでいた。室内は温かい空気に包まれ、ミラクルの膝の上ではマジカルが丸くなりながら、4人の会話に聞き耳を立てていた。

「取り組んでみて、みのりさんはどう感じた？」とミラクルは尋ねた。

「じつは〝自立〟という言葉を前にすると、できてない自分が恥ずかしくて、考えないようにしてたんです。かたく考えず、できることをひとつずつやっていけばいいのかなぁって思うと、気が楽になりました」とみのりは答えた。

「**新しいことを始める際に大切なのは、一度にたくさんのことに取り組まないこと**ね。無理をするとリバウンドして、以前の自分に戻ってしまうわ」

「でも、私にはモヤモヤすることがもうひとつあって。のぞみさんやめぐみさんのように、**〝なりたい自分〟**の姿がつかめないんです」とみのり。

「自分の未来像がはっきり見えてこないのね」

「恋愛には興味があるけど、『彼氏を見つけなきゃ！』というほどの切迫感はないし、仕事での目標があるわけでもない。バーチャルな世界に浸って生きてきたせいか、2人のように現実の世界で『こうなりたい』と思える未来像が思い浮かばないんです」

「それなら、まずは漠然とでも〝なりたい自分〟のイメージをキャッチできるといいのかも。〝無意識からのメッセージ〟を聞いてみましょうか」

「無意識からのメッセージ!?」

「そう。私たちは普段〝意識〟だけで物事を考え、答えを見つけ出そうとしているけど、いくら考えても答えが見いだせないこともある。そういうときには**〝無意識〟が発しているメッセージをキャッチすると、いいアイデアをつかまえやすくなる**のよ」

「そんなこと、どうしたらできるんですか？」

「頭で考えることはやめて、心からじわ～っとわいてくるイメージをとらえること。それには、まず〝無意識〟という心のしくみについて理解しておく必要があるわね」

「ミラクルさん、その〝無意識からのメッセージ〟について詳しく教えてください！」

“３つの自立”の具体的な課題を見つけたみのりさん。“なりたい自分”のイメージをつかめるか、次章で見ていこうニャ！

7章

“無意識からのメッセージ”を聞いて“なりたい自分”をつかむ

ミラクルさんの心理学講座

〝無意識からのメッセージ〟とは？

Miracle

私たちは通常、意識のうえだけで物事を考えて行動しているものです。

「明日の仕事の資料をどうつくろうかな」「週末に友だちが来るから、部屋を片づけておこう」というように。

でも、今までのやり方ではうまくいかなくなったときに「意識」のうえで考えるだけでは、本当に探し求めているアイデア（「これだ！」と思えるもの）が見つからないことがあります。

そういうときには、いったん考えることをやめてみる。少しボーッとしたり、ブラブラ歩いたりしながら、思考を働かせる習慣からいったん離れてみてください。

すると、心のなかからわいてくる思いがけない感覚やひらめき、イメージに出会えることがあります。そこから、自分が本当に探し求めているアイデアが明確になってくることがあるのです。

私はこの、心のなかからわく思いがけない感覚、ひらめき、イメージにあたるものを**〝無意識からのメッセージ〟**と呼んでいます。

深層心理学では、人の心は、「意識」と「無意識」という2つの層に分けられ、その関係はしばしば「氷山《ひょうざん》」にたとえられます。

通常、私たちの目が氷山をとらえるとき、海上に浮かんだ一角しか見ていません。しかし、実際の氷山は、海上に見える部分が1割くらいで、9割もの部分が海の中に潜んでいるといわれています。

「意識」と「無意識」も同じような関係にあります。自覚できる部分は「意識」と呼ばれ、それは心全体のほんの一部分。「無意識」と呼ばれる、自覚できない部分こそが、心の圧倒的に多くの部分を占めているのです。

この「無意識」のなかには、人の心の深層にかかわる、とても深遠な世界が広がっています。たとえば人の個性ひとつとっても、「無意識」には、想像もできないほどの多彩な要素が潜んでいます。この「無意識」のなかに潜むものこそ、いままでのやり方ではうまくいかなくなったときに必要となることがあります。

たとえば、「コンサバティブなタイプの人が突然、奇抜な格好で街を歩くようになった」「ボーイッシュな人が突然、レースや花柄で部屋を飾るようになった」ということがあります。

このように、心のどこかで今までの自分に限界を覚えると、人は意外なものごとに心を動かされ、自分自身に変革を起こすことがあります。

コンサバな人がコンサバでいるだけ、ボーイッシュな人がボーイッシュでいるだけでは、人生の幅は広がりません。ときめきなどの感情をきっかけに意外なことをやってみて、人生の幅を広げていきなさい。〝無意識からのメッセージ〟は、このようなことを必要なタイミングで知らせてくれます。

そして、ここまで私の話につきあっていただいたみなさんには、もうおわかりでしょう。〝大人のタイムカプセル〟が発するサインも、〝無意識からのメッセージ〟なのです。「なぜだかわからないけど、とても気になってしかたがない」と感じるものには、自分の成長に必要な〝無意識からのメッセージ〟が隠れている可能性があります。

ぜひ、メッセージと向きあいながら、自分の心が何を求めているのかを探っていくとよいでしょう。

心の成長をうながす“無意識からのメッセージ”

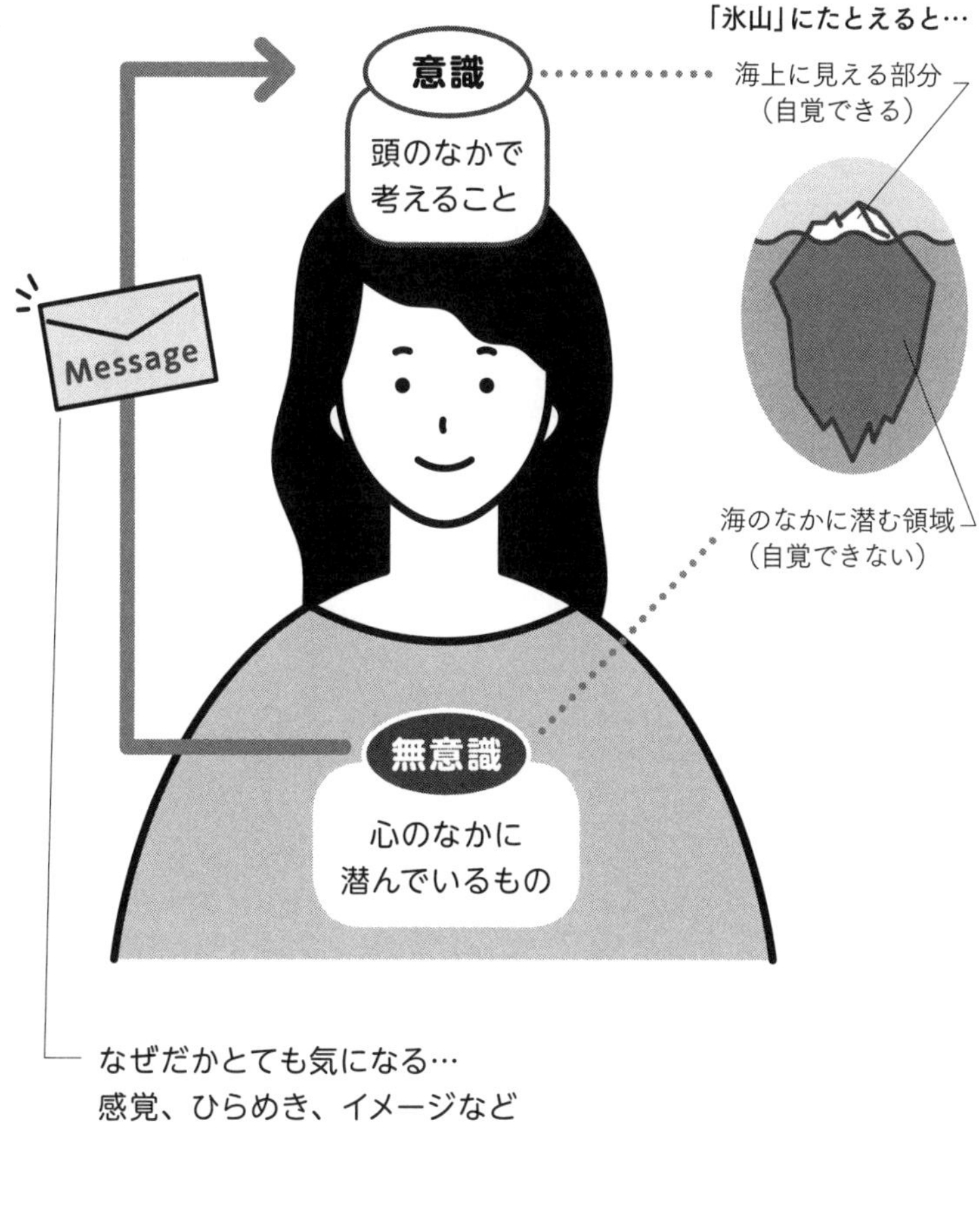

「意識のストッパー」をゆるめて心を柔軟にする

「〝無意識からのメッセージ〟はとてもあいまいでわかりにくいものだけど、みなさんの心にも届いているはずよ。思いあたるものはないかしら？」とミラクルは3人に尋ねた。

「そういえば、最近映画を観てると、家族で朝ごはんを食べるシーンや父親が子どもを抱きしめるシーンに突然泣けてきたりするんです。こういうのが〝無意識からのメッセージ〟なのかな？」とのぞみが答えた。

「私は最近ふと、山に登ろうかな？　って気持ちが強くなってきて、なんで登山？　柄じゃないのに！　って感じ。これも〝無意識からのメッセージ〟なんですかね？」とめぐみも答えた。

「きっとそうかもね。**人生が切り換わるタイミングだからこそ、今までは何の関心もなかった物事に急に心が動かされたり、興味が惹きつけられたりする**ことがある。その意味を読み解くことが、自分を成長させるために必要なんだと思うわ」とミラクル。

「私にもアニメを通じて、『大人に生まれ変わりなさい』というメッセージが届いてるんだろうけど、どんな大人になりたいの？　って考えるとわからなくなっちゃうんですよね……」とみのりがつぶやいた。

「メッセージを読み取るには、**自分の心を柔軟にしておくこと**が必要なのよ」とミラクルが答えた。

「どうすれば、心を柔軟にできるんですか？」

「**思いがけないイメージが頭に浮かんだとき、こんなの自分に合わない、と即、排除しないこと**ね。たとえば、今のみのりさんに〝いちばん遠いセルフイメージ〟って、どんなもの？」

「巻き髪にして花柄のワンピースを着て、銀座でデートしてる自分、ですかね」

「いま浮かんだそのイメージをどう思った？」

「うわっ。きもっ！　って思って、一瞬で消したくなりました」

「**印象的なイメージが浮かんだら、ありえないと感じても、そういう面もあるのかも、**

と思い直してイメージをキープする。それが、心を柔軟にするってことなのよ」

「ふーん。そうなんだ」

「ちなみに、いま思い描いたワンピースを着た自分のイメージに、みのりさんの〝なりたい自分〟の一端が隠れてるのかもしれない」

「どうしてですか⁉」

「私は〝いちばん遠いセルフイメージ〟って言ったわよね。おばあさんの自分や男になった自分を連想したっていいはずなのに、みのりさんの脳裏には女らしい服を着て、彼氏と街を歩く同世代の自分の姿が思い浮かんだ。なぜだと思う？」

「そういう自分になりたいから⁉　え〜、ありえないんですけど！」

「〝無意識からのメッセージ〟は意識の調和を乱すものでもあるから、既知のイメージと矛盾するものが浮かんだときには意識がそれを排除したがるのよ。だからこそ〝意識のストッパー〟をゆるめてみることね」

「〝意識のストッパー〟をゆるめる？」

「つまり、心を柔軟にすること。どんなイメージも門前払いせず、私にもこんなイメージが浮かぶんだなぁ、って受け止めながらイメージを覚えておくことね」

「すると、どうなるんですか？」

「**何度か似たようなイメージが浮かんでくるなら、確かなメッセージである可能性が高い**わね。そのときには、浮かんだイメージに近いものを試してみるといいわ」

「ワンピースを買って、銀座を練り歩くんですか？　無理です！」

「今のみのりさんには、ありえない想像かもしれない。でも、何度か同じようなイメージが浮かんできたら、似たようなワンピースを試着してみようかなぁ、って気持ちになるかもしれないわ」

「なるほど。コスプレのつもりで着てみようかな、なんて思うようになるのかな？」

「実際に着てみると、今まで感じたことのない感情や感覚がわいてくると思う。すると、人生の幅も広がる。この一連のアクションが〝無意識からのメッセージ〟を受け入れるということなのよ」

「そういうことなのかぁ」

「さっそく〝無意識からのメッセージ〟をキャッチしてみましょう。色のイメージからメッセージをとらえる方法があるんだけど、やってみる？」

「色のイメージ？　へえ、やってみようかなぁ」

〝カラー・クロノロジー〟で理想の自分をイメージする　みのり編

ミラクル　みのりさんが服や身の回りのもので、よく選ぶ色って何色？

みのり　そうですね、あんまり考えたことないけど、最近は、ブラウンとかモスグリーンとか、落ち着いた感じの色をよく選びますね。

ミラクル　それは昔から好きな色？

みのり　う〜ん。ここ数年なんとなく選んじゃう色、って感じかなぁ。

ミラクル　ブラウンやモスグリーンは、アースカラーよね。なんとなくそれを選んでるってことは、アースカラーに自分をフィットさせたい理由が、何かあるのかな？

みのり　疲れてるんですかね。自然に近い色に癒しを求めてるのかな？　あるいは、森に紛れて自分を隠したいとか？

ミラクル　〝無意識からのメッセージ〟が、自然からヒントを取り入れることを勧めているのかもしれないね。

みのり　「部屋にこもってばかりいないで、地に足をつけて生きなさい」って言われてる気もしてきたな。

Minori　Miracle

ミラクル　……こんなふうに、何気なく選ぶ色には、通常の「意識」では把握できない心の奥の何かが投影されていることが多いの。だから、色彩のイメージは〝無意識からのメッセージ〟を解読する材料になるのよ。

みのり　なるほど。

ミラクル　ではさっそく〝カラー・クロノロジー〟をやってみましょう。

みのり　**カラー・クロノロジー!?**

ミラクル　「クロノロジー」とは「年表」のこと。現在、過去、未来の「自分らしさ」を、年代やライフイベントごとに色で表現するワークよ。

まずは自分の年齢のところに「現在の自分」と書き込んで、その文字の周りを最近の自分がよく選ぶ色、つまり今の自分にフィットする色で塗ってみましょう。

塗り方も、「現在の自分」のイメージに合わせて、薄く／濃く塗ったり、大きく／小さく塗ったりして調整してみて。

ちなみに、36色以上の色鉛筆セットを使うと、同じ系統の色でいくつもバリエーションがあるから、イメージに合う色を見つけやすいわ。

みのり　「現在の自分」は28歳。色は、この色ですね。

ミラクル　次は「過去の自分」。子どものころから今までを振り返って、主要なライフイベントを書いてみましょう。ざっくりと「小学校」「中学校」など。その文字の周りを、当時の自分のイメージにフィットする色と塗り方で塗ってみてね。

みのり　なるほど。やってみます。

ミラクル　それができたら、次は「未来の自分」のイメージを表してみましょう。現在から40歳までの間に「こんな自分になっていたらいいな」「こんなことが起こったらすてきだな」と想像しながら、パッとひらめいたライフイベントを書いてみて。

みのり　そんなのわからないですよ！

ミラクル　難しく考えないで。ライフイベントも年齢も、あてずっぽうでかまわないから、とにかく頭に浮かんだものを書いていってね。終わったら、同じように文字の周りを、パッとひらめいた色と塗り方で塗ってみて。

みのり　なんとなく思い浮かんだもので仕上げたけど、こんな感じでいいのかな。

ミラクル　お疲れさま。じゃあ、さっそくチャートを分析してみましょう。

なりたい自分が見つかる“カラー・クロノロジー”

用意するもの　36色以上の色鉛筆セット、A4サイズの紙1枚

つくり方

①A4サイズの紙を縦長に使い、下の図を参考にして線を引き、5歳刻みで年齢を書き込む。

②現在の年齢の位置に「現在の自分」と書き込む。文字の周りを、今の自分に一番近い色（よく選ぶ色）で塗る。

③「過去の自分」を振り返り、主要なライフイベントを書き込む。文字の周りを、当時の自分のイメージに合う色で塗る。

④「未来の自分」を想像し、「こんなことが起こったらいいな」と思い浮かんだライフイベントを書く。文字の周りを、未来の自分のイメージに合う色で塗る。

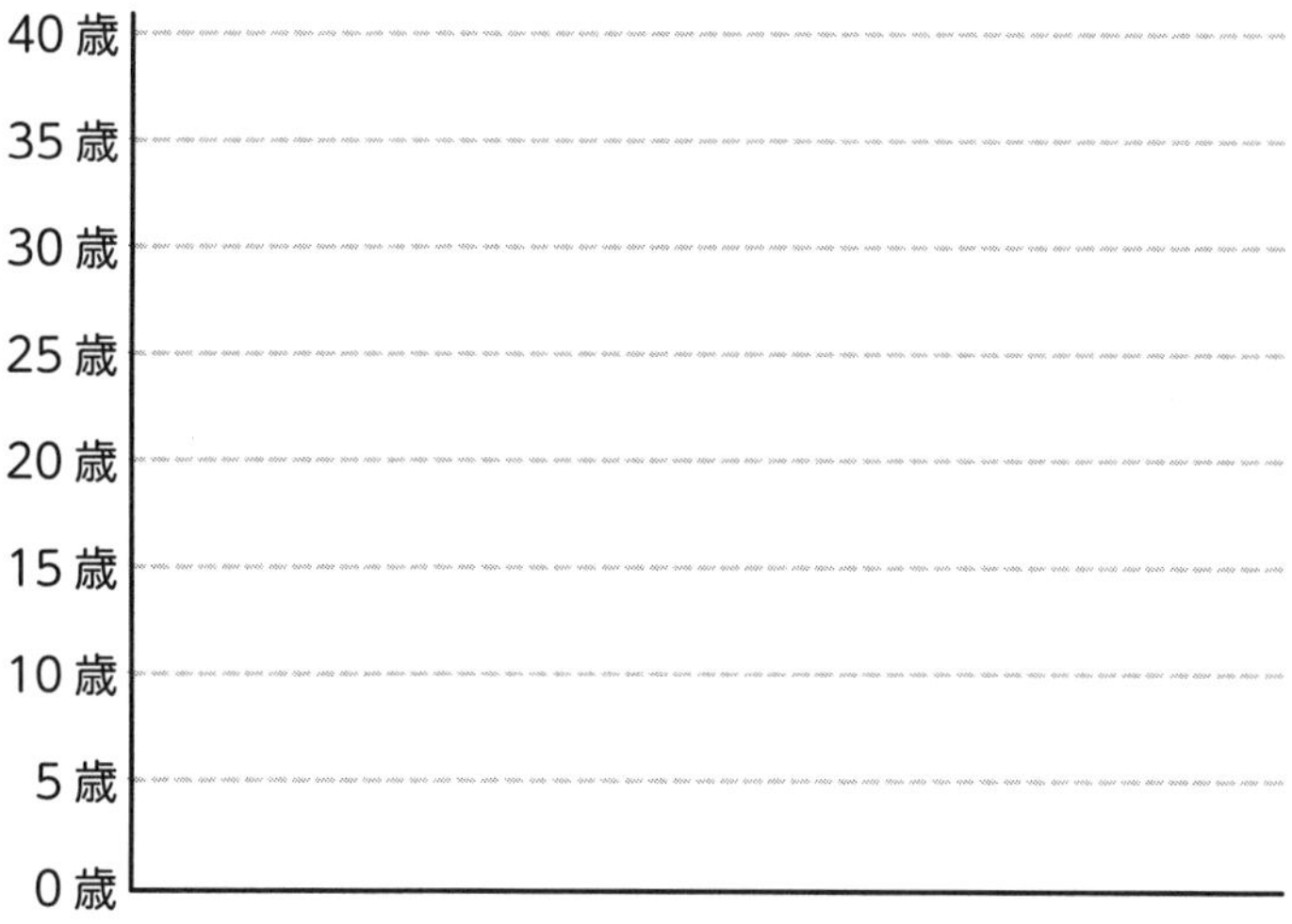

※薄く／濃く、大きく／小さくなど、イメージに合わせて塗り方を調整しましょう。
※この年表は40歳までですが、自分の年齢に合わせて自由に調整してください。

ミラクル　「現在の自分」がモスグリーンで、それに連なるライフイベント「就職」が淡いブラウン。この2つのアースカラーが「現在の自分らしさ」の色ね。「過去の自分」にさかのぼってみましょう。「大学」（ブラック）、「高校」（ブルーグレー）、「中学校」（ダークパープル）は暗い色で濃く塗っている。

みのり　学校生活がとにかく苦痛だったので、どす黒いイメージしかわいてこなくて。同調圧力もしんどくて、まるで魔窟にいたような感じでした。

ミラクル　なるほど。アニメの世界にはまったのも、この時期からなのよね。

みのり　そうです。家に帰ってアニメの世界に浸ることで、なんとか心のバランスを保ってました。その習慣が今でも続いてるって感じです。

ミラクル　でも「小学校」（アプリコット）や「幼稚園」（イエロー）は、明るい色でふんわりと大きく塗っている。当時は楽しいことがいっぱいあったのかな？

みのり　子どものころは、わりと無邪気に遊んでました。友だちと暗くなるまで外で遊んでたな。忘れてたけど、私にもそんな時期があったんですねぇ。

ミラクル　「未来の自分」も見てみましょう。まず「ひとり暮らし」を30代前半と仮定して、「小学校」と同じアプリコット色で小さく塗ってるのね。

みのりの“カラー・クロノロジー”分析

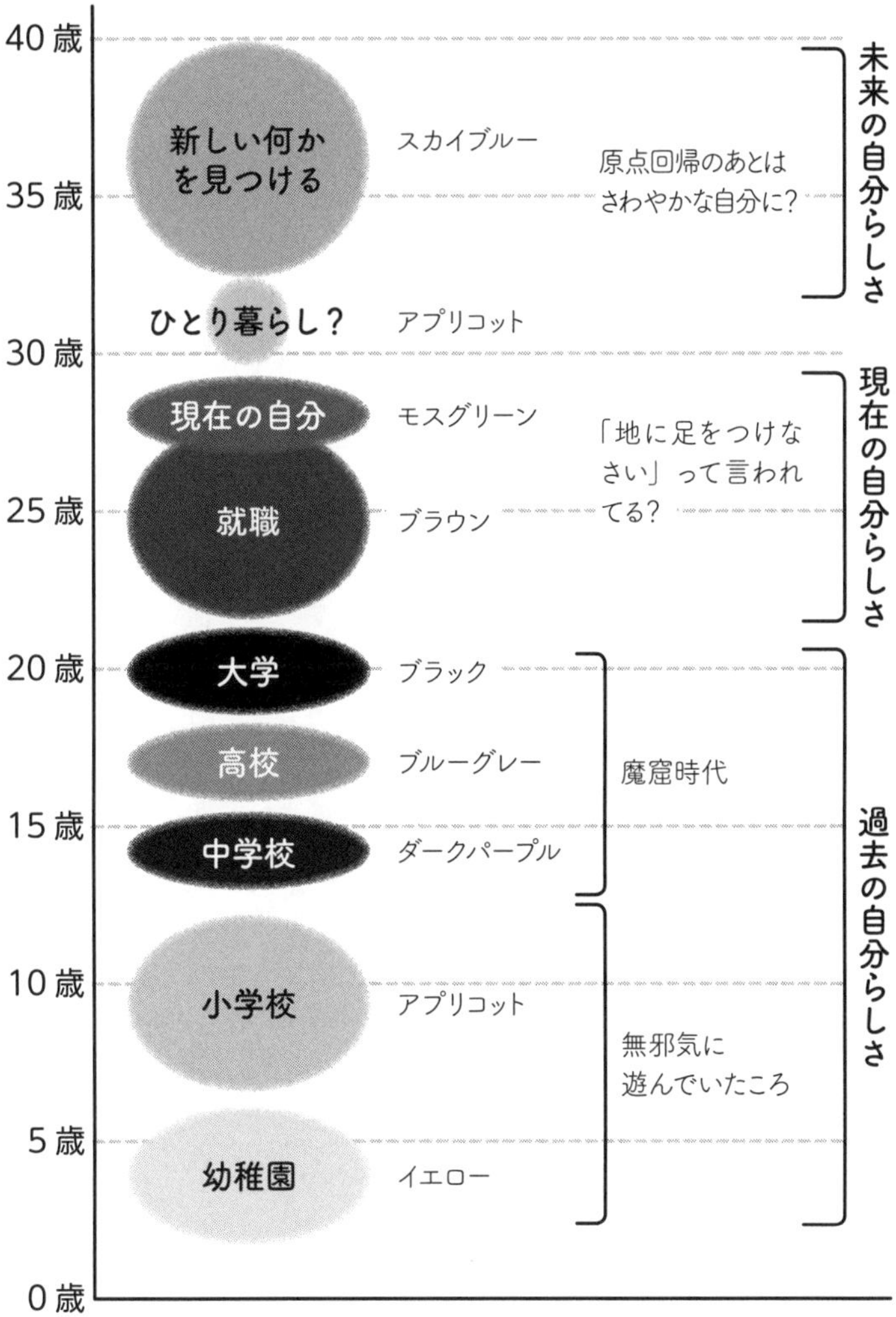

みのり　なぜか子どものころからアプリコットの色味が好きなんですよね。ひとり暮らしができたら、また無邪気な自分に戻ってやり直したいのかな？　でも、まだ自信がないので、小さく塗ってみました。

ミラクル　その先にあるのが「新しい何かを見つける」。スカイブルーで大きく塗ってるけど、今まではなかった、とてもさわやかな色よね。

みのり　ひとり暮らしで「無邪気な自分」に戻れたら、何かを見つけて「さわやかな自分」になりたいのかもしれませんね。

ミラクル　いま、多彩な「自分らしさ」を色で表現できたと思うけど、どう？

みのり　色に乗せて自分のことを考えると、思いもよらない言葉が飛び出してきますね。「魔窟にいた」なんて、当時は思わなかったけど、色のイメージから振り返ると、まさにそのとおりだったなぁって。

ミラクル　色のイメージに乗せて過去から未来までを眺めてみると、まるでひとつの〝絵〟を見ているかのようね。みのりさんには、どんな〝絵〟が見えてくるかしら？

みのり　「現在の自分」はアースカラーだから「大地」のイメージかなぁ。その下にあるのが、ダークカラーの「魔窟」。さらに下にはあったかい色の「風船」がたくさん埋まってるって感じかなぁ。

ミラクル　「過去」「現在」「未来」を全部つなげると、どんな〝絵〟になる？

みのり　あったかい「風船」の海から、アプリコット色の風船が浮上して「魔窟」と「大地」を通過していく。そして、「青い空」を目指して飛んでいくって感じ？

のぞみ　うん。風船が大空を昇っていく様子が頭に浮かんできた。

めぐみ　風船が空に向かって、ぐんぐん飛んでいってるね！

ミラクル　温かい古巣から抜け出したみのりさんの心が、数々の試練を通過して未来へと飛び立つ。そんなストーリーが感じられるわ。

みのり　そうですか？　そう言われるとなんかうれしいな。

ミラクル　人生というストーリーには、何ひとつ無駄な経験はないのよ。現実の世界でもアプリコット色の「風船」を育てて、「青い空」に解き放っていけるといいわね。

みのり　はい。いずれは「ひとり暮らし」を始めることから、未来の色のイメージに近づいていけるといいのかもしれませんね。

夜が明けて、3人の旅立ちと約束

気がつけば、始発電車が動く時間になり、雨もいつのまにかやんでいた。
窓の外を眺めると、夜明けの街が動き出す気配が伝わってきた。

「ここまで〝大人のタイムカプセル〟に含まれる2つの課題と、その基礎になる〝巣立ち〟について紹介してきたけど、一人ひとり、取り組むことも決まったわね」とミラクルは言った。

「私は理想のファーストプレイスづくりから、〝アイデンティティ〟を深めようと思います。〝小さな一歩〟として、まずはソファを買いに行きます。好きな人にも思い切って自分から声をかけなきゃ、ですね」とのぞみが答えた。

「私は彼と別れます。そして、友だちや恋人に依存しない、しっかりした自分になりたい。まずはひとりで山に登って、自分の強さを試してみます」とめぐみも答えた。

「私は、ひとり暮らしをしてみたいと、今、思いました。そのためにも、実家のなかでできることから〝3つの自立〟に取り組もうと思います」とみのりも答えた。

「3人とも、目標とやるべきことが定まったわね。みなさんの心のなかで〝大人のタイムカプセル〟は、もうきっと完全にあいていると思うわ。その素直な気持ちのままで課題に取り組んでいれば、〝シンクロニシティ〟が起こって、人生は目指すべき成長の方向に進んでいくんじゃないかな」とミラクルは言った。

「シンクロニシティ!?」

「〝シンクロニシティ〟とは、深層心理学における**〝意味のある偶然の一致〟**のこと。突然起こった出会いが、人生を大きく変えることってあるでしょう？　その瞬間は偶然でも、あとから振り返ると、そのときに出会った人や物事こそ、出会うべくして出会ったものとしか思えない。そんな運命的な体験のことよ」

「〝シンクロニシティ〟って、誰にでも起こるんですか？」とのぞみは尋ねた。

「そうよ。でも、心が頑《かたく》なになっていると、せっかくの運命的な出会いも〝ただの偶然〟にしか思えず、意味を感じ取れなくなってしまうわ」

「これは〝シンクロニシティ〟なのかもって感じるためには、心を柔軟にしておく必要があるんですね」とめぐみが言った。

「ただし〝シンクロニシティ〟には、不運としか思えないような、厳しい偶然の出会いもたくさんある。でも、あとから振り返ると、厳しい試練こそが自分を成長させてくれた貴重な体験だったと気づくことも多いのよ。

だから、**厳しい試練に直面したときには、その試練が自分に語りかけているものは何か、逃げずに考えていくべきね**」

「何があっても恐れずに受け止めなきゃ、ですね」みのりはぐっと唇をかみしめた。

「さあ、そろそろみんな家に帰らなきゃね。そして今日はゆっくり眠ること。明日から新しい自分づくりを始めていきましょう」

「でも、またみんなに会いたいな。連絡先を交換してお互いを励ましあおうよ」とのぞみが提案した。

「ダメよ。今、連絡を取りあうと、お互いに甘えてしまうでしょ。１か月後にここでまた会いましょう。再会したときにお互いの気づきと変化を伝えられるよう、自分自身の課題にしっかり取り組むのよ」とミラクル。

「じゃあ、来月またここでみんなと会えるんですね」とみのりは言った。

「一歩、大人になったみなさんに再会できることを楽しみにしてるわ」とミラクルはほほえんだ。


３人はファンシーショップ「ミラクル」の扉をあけ、店の外へと歩き出した。

その瞬間、黒猫のマジカルは３人の足元に近づき、顔を見上げて「ニャー」と鳴いた。

ミラクルはマジカルを抱いて店の外まで出て、３人を笑顔で見送った。

彼女たちは歩きながら、何度か店のほうを振り返った。

ミラクルとマジカルは店先に立ち、３人の旅立ちをいつまでも見守っていた。

エピローグ——それぞれの心が成熟に向かうとき

——１か月後、約束の時間に３人はファンシーショップ「ミラクル」へ向かった。

しかし、店があるはずの場所に建っていたのは、昭和的な風情の不動産屋だった。周辺を探し回っても、ミラクルの店は見当たらなかった。

３人が恐る恐る不動産屋の扉をあけると、目の前に黒縁眼鏡をかけた男性店主が座っていた。

「あの……、この辺に『ミラクル』っていう名のファンシーショップがあるはずなんですけど、ご存じでしょうか？」と尋ねた。

店主は怪《け》訝《げん》な顔で彼女たちを見上げ、「ミラクル？　ファンシーショップ？　知らないなぁ。どこか別の街と勘違いしてるんじゃない？」と言った。

「そんなはずはない」と食い下がったが、店主は「うちは50年前からこの場所で商売してるけど、そんな店、聞いたこともないよ」と言うばかりだった。

あきらめて外に出た3人は、途方に暮れた表情で互いの顔を見合わせた。

「ひょっとして私たち、夢を見てたのかな?」

「でもあの夜、ミラクルさんの店で買ったチャームもペンも、こうして持ってるよ」

「現にみんなここに集まってるし、話しあったこともちゃんと覚えてる」

「じゃあ、やっぱりあの真夜中のお茶会は、現実に起こったことなんだ。でも、どうしてミラクルさんはここにいないんだろう?」

3人が話していると、不動産屋の屋根の上から「ニャー」という声が聞こえた。見上げると、そこには黒猫の姿が!

「マジカル!!」そう叫ぶと、不思議なことにマジカルの口元がゆるみ、一瞬、ミラクルの笑顔が重なった。

「あの夜の出来事は、マジカルが起こした魔法なの!?」

マジカルは彼女たちを見つめて再び「ニャー」と鳴き、屋根を軽々と飛び越えて去って行った。

「待って！　マジカル！」と叫んだが、その声はもはや黒猫には届かなかった。

「あ〜あ。マジカル、行っちゃったね……」とみのりが言った。

　3人は不動産屋の角に立ち、マジカルが再び現れるのを待っていたが、いつまでたっても黒猫の姿は見えなかった。


　めぐみは手持ち無沙汰な表情で、「……あのさ、2人はこの1か月、課題に取り組んでみてどうだった？」と尋ねた。

「私はあの翌週に、これだ！　って思えるソファが見つかったの。部屋に置いたら、彼と過ごす空間のイメージがはっきりしてきて、ずっと部屋づくりをしてた。山ほどあったアイドルグッズも手放したし、だいぶすっきりしたかな」

「好きな人とはどうなった？」とみのりが尋ねた。

「先週、勉強会の帰りに待ち伏せして一緒に帰ったら、『今度食事に行きませんか？』って誘われたの……」と顔を赤らめながらのぞみが言った。

「すごい！　ちゃんと目指す方向に展開してるね！」とめぐみ。

エピローグ

「めぐみさんは、この1か月、どうだった？」とのぞみが尋ねた。

「あの翌日に、つきあっていた彼に別れを告げて、それからはきっぱりと会ってない。で、次の週末に近くの山にひとりで登ってみたら、こんなに高いところまで自分の足だけで歩いてきたことに、ジーンときちゃって……」とめぐみが言った。

「山に登って、ひとつたくましくなれたわけだね」とのぞみ。

「うん。でも、趣味をやってるだけでは出会いのチャンスも少ないだろうから、ネットで婚活も始めたよ。〝人生のパートナー〟との出会いがいちばんの目標だから、自分できっかけをつくっていかないと、と思ってね。みのりさんはどう？」

「私は〝3つの自立〟で決めたことをコツコツ続けてる。アニメグッズの即買いをやめたし、嫌なことがあってもＳＮＳでつぶやくのをやめた。グッズは部屋の一角にまとめて整理したし、お弁当も自分でつくってる！」とみのりが言った。

「頑張ってるね！」とめぐみ。

「うん、自分でもびっくり。このままいけば、親から離れてひとり暮らしができるかもって思いはじめて、ネットで賃貸物件の情報を見たりしてるんだ」

「みんなそれぞれ、自分の課題に取り組んで、大人の自分に一歩ずつ近づいてるね」

とめぐみが言った。

「**ひとつ階段を上れば、その地点で新しい課題が見える。その課題にまた〝小さな一歩〟で取り組んでいけば、理想の未来に近づける。**ミラクルさんがそう言ってたよね」とみのりが言った。

「そう。私たちの前進はまだ始まったばかり。理想の未来を信じて、一歩ずつ階段を上っていかなきゃね」とのぞみが言った。

そのとき、３人の前に一枚の紙がひらひらと舞い降りてきた。

彼女たちが受け取ると、そこには……


「あなたたちの〝のぞみ〟には、〝めぐみ〟がもたらされ、きっとおおきな〝みのり〟をえるでしょう」


と書かれていた。屋根の上を見ると、マジカルが3人をやさしいまなざしで見つめていた。そしてふいに立ち上がり、「ニャー」と鳴いて再び去って行った。

「これって……。ミラクルさんからのメッセージ？　のぞみ、めぐみ、みのり……。

私たち3人の名前が入ってるよ！」とみのりが言った。

「現実のミラクルさんは、ここにはいない。だけど、私たちの心には、しっかりと約束が刻み込まれているし、ミラクルさんは、これからもきっと、どこかで私たちのことを見守っていてくれるんじゃないかな」とめぐみも言った。

「不思議なことばかりだけど、でも、私たちはこうして〝大人の思春期〟を卒業して〝大人の女性〟への道を歩きはじめることができた。それだけでもう、十分じゃない？」とのぞみがつぶやいた。

「ありがとうミラクルさん！　ありがとうマジカル！」

不動産屋の屋根の向こうに向かって、お礼を言った。

あまりの大声に店主がびっくりした表情で飛び出してきたが、3人の気持ちはとても晴れやかだった。

彼女たちの頭上には雲ひとつない青空が広がり、暖かな春の日差しが3人をやさしく包み込んでいた。

（おしまい）

おわりに

大人になりきれない女性たちが自分自身と向きあいながら〝大人の女性〟へと成長していく物語、お楽しみいただけたでしょうか?

本書では「魔法」という架空の設定のもと、限られた紙幅のなかで心理学的な解説やオリジナルの理論、ワークも交えて、私がおこなっている心理カウンセリングの「エッセンス」を紹介しました。したがって、実際よりもスピーディーかつ大胆にセッションを展開していることをご理解いただけたら幸いです。

彼女たちがカウンセリングによって自分の本心に気づき、ワークを通じて成熟への行動を見出していく過程のなかに、ご自身と重なる部分を見出し、参考にしていただけることがあったなら、著者としてこれ以上の喜びはありません。

最後に、本書で紹介した主要な理論やメソッドについて補足したいと思います。

1章と2章の〝大人のタイムカプセル〟は、偉大な心理学者エリク・H・エリクソンの自己成長の理論「ライフサイクル論」における〝アイデンティティ〟と〝親密〟の概念を包括したものです。

「ライフサイクル論」とは、一生を8つの段階に分け、人は各段階の「発達課題」に挑戦しながら生涯成長していくもの、と定義した理論。〝アイデンティティ〟は5段階目の「青年期」、〝親密〟は6段階目の「成人期」の「発達課題」です。

それに加えて、私がカウンセリングを通じて相談者と向きあううちに実感したことがあります。アイデンティティの模索は、青年期だけで終わるものではないこと。とくに20代後半以上の独身女性にとっては、職業と私生活を含めたトータルな自分像の模索が重要な課題となっていること。

そのため、本書における〝アイデンティティ〟は、青年期において模索する課題（社会的役割を重視するもの）から一歩踏み込んでいます。〝大人の女性〟として今後どう生きるのか、自分の生き方を総合的に深めていくものとして、〝大人のタイムカプセル〟のなかの「心の課題」のひとつ目に設定しました。

2章の〝未来予想図クエスチョン〟は、「ブリーフセラピー（短期療法）」における「タイムマシン・クエスチョン」というカウンセリング技法をアレンジしたものです。私自身が普段のカウンセリングで重視している質問（「どのような働きかけが自分の幸せをつくりだすのか」）を加え、「自分の未来を、自らの意思と能動的なアクションによって生みだす」という意識をより高められるように工夫しました。

3章の〝3つのプレイス〟は、社会学者オルデンバーグが提唱した「サードプレイス」の理論を援用しています。オルデンバーグは、自宅（ファーストプレイス）と職場（セカンドプレイス）の往復だけでは満たされない心のバランスをとるという意味で、サードプレイスの重要性を説きました。

しかし、私のカウンセリング経験では、20代後半以上の独身女性は、職場（セカンドプレイス）と生きがいの場（サードプレイス）の2つにエネルギーの比重が偏り、本来、最も重要であるはずの自宅（ファーストプレイス）についての検討が後回しになる例が多いと感じます。

そこで〝3つのプレイス〟の現実と理想とのバランスを比較し、自己成長への具体的な課題を見出すことを提案しました。

4章では、エリクソンの説く〝親密〟の「発達課題」を〝大人のタイムカプセル〟の2つ目の「心の課題」として紹介し、〝親密モラトリアム〟という私のオリジナルの概念についてもお伝えしています。

教育心理学における〝チャム・グループ〟という未熟な仲間関係をつづける人の心理が、〝親密モラトリアム〟に留まる人の心理にも共通すること。〝ピア・グループ〟という多様性から学びあう仲間関係の体験を重ねるうちに、〝親密〟という深い信頼関係への準備が整っていくこと。この章では、そうした私なりの考えをお伝えしました。

5章では〝親密〟の関係性の中核ともいえる「恋愛」、そこから発展する「パートナーシップ」について解説しています。

パートナーシップは、とかく「愛情」面だけで語られがちです。しかし私は、永続的なパートナーシップを運営するには、共感性（おなじ）、相補性（おぎない）、許容性（ゆるし）、自立性（ひとり）という4つの要素が重要であると考え、これらの意識を伸ばすことを目的に〝4つのタネ〟を育てるワークを紹介しました。

6章では、親からの〝巣立ち〟というテーマを深層心理学（ユング心理学）における〝死と再生〟の理論をもとに解説しています。

〝3つの自立〟は、ソーシャルワークの分野や社会学などさまざまな領域で語られる概念ですが、その定義は、領域によって多種多様です。本書では「20代後半以上の女性の成長」を考え、経済的自立（お金の自立）、精神的自立（こころの自立）、生活的自立（生活の自立）の3つを取り上げて解説しました。

7章では、深層心理学（ユング心理学）における自己実現の理論をベースに、「無意識」という心の深層から受け取るイメージを〝無意識からのメッセージ〟という言葉でお伝えしています。

これまでの私のカウンセリング経験から、無意識から受け取るイメージは「色」に投影されることが多いと感じ、「カラー・クロノロジー」というオリジナルの年表ワークを使って〝無意識からのメッセージ〟を解読する方法も紹介しました。

本書は、青春出版社編集部の石井智秋さんとの出会いから生まれました。石井さんのやわらかな感性とプロ編集者としての的確な助言があってこそ、この本は実現しました。心からお礼を申し上げます。

不思議な雑貨店「ミラクル」は、きっと読者の皆様の心のなかにもひっそりとたたずみ、必要なタイミングでサインを送ってくれているものと思います。

本書をお読みになった方が、この世にたった一人しかいない自分自身を愛し、〝大人の女性〟としてのすばらしい人生を歩んでいかれることを心から応援しています。

大美賀　直子

死と再生（本書では“巣立ち”という用語で登場）

『生と死の接点：岩波現代文庫〈心理療法〉コレクションⅢ』
河合隼雄著、河合俊雄編、岩波書店、2009

意識と無意識

シンクロニシティ

『ユング心理学入門』　河合隼雄著、培風館、1967

『無意識の構造：改版（中公新書）』 河合隼雄著、中央公論新社、2017

『共時性の深層：ユング心理学が開く霊性への扉』
老松克博著、コスモス・ライブラリー、2016

色彩から導かれるイメージ
（本書では“カラー・クロノロジー”の解説で登場）

『色の秘密：色彩学入門（文春文庫）』　野村順一著、文藝春秋、2015

『色は語る：色彩と心理の不思議な関係を読む（だいわ文庫）』
山脇惠子著、大和書房、2017

その他の心理学理論
（代償行動／公平理論／心理的離乳／アンビバレンスなど）

『心理学：新版』
無藤隆・森敏昭・遠藤由美・玉瀬耕治著、有斐閣、2018

『カウンセリング辞典』　國分康孝編、誠信書房、1990

もっと知りたい人へ——おすすめ図書

本書には、さまざまな心理学理論やキーワードが登場しました。より深く知りたい方には、次の図書をおすすめします。

アイデンティティ
親密

『アイデンティティとライフサイクル』
エリク・H・エリクソン著、西平直・中島由恵訳、誠信書房、2011

サードプレイス

『サードプレイス：コミュニティの核になる「とびきり居心地よい場所」』　レイ・オルデンバーグ著、忠平美幸訳、みすず書房、2013

タイムマシン・クエスチョン
（本書では“未来予想図クエスチョン”という用語で登場）

『森・黒沢のワークショップで学ぶ：解決志向ブリーフセラピー』
森俊夫・黒沢幸子著、ほんの森出版、2002

チャム・グループ／ピア・グループ

『指導援助に役立つスクールカウンセリング・ワークブック』
黒沢幸子著、金子書房、2002

イラストレーション：ウラモトユウコ
図版内イラスト：yugoro/stock.adobe.com（p.25、57、97、157）
本文デザイン：浦郷和美
本文DTP：森の印刷屋

著者紹介

大美賀直子　心理カウンセラー、作家。栃木県生まれ。早稲田大学教育学部卒業後、出版社に勤めたものの「自分探し」に迷走。進むべき道が定まらず、転職続きの20代を送る。30代から心理学を学び、「ストレスは自分の認知が生み出している」という事実を知り驚愕。一度しかない人生を自分らしく生きるヒントを、心理学理論を織り交ぜて伝えたいと思い2002年、総合情報サイト All About「ストレス」のガイドに就任。2007年から心理カウンセラー、セミナー講師としても活動開始。テレビ、新聞、雑誌などのメディアでも情報を発信。「女性の人生とストレス」に造詣が深く、発達心理学や深層心理学などの心理学理論を駆使した助言が好評を得ている。
所有資格は、公認心理師、精神保健福祉士（以上、国家資格）、産業カウンセラー。『長女はなぜ「母の呪文」を消せないのか』（さくら舎）など著書多数。

大人《おとな》になっても思《し》春《しゅん》期《き》な女子《じょし》たち

2021年5月1日　第1刷

著　　者　大《おお》美《み》賀《か》直《なお》子《こ》

発 行 者　小澤源太郎

責任編集　株式会社 プライム涌光
電話　編集部　03(3203)2850

発 行 所　株式会社 青春出版社
東京都新宿区若松町12番1号 〒162-0056
振替番号　00190-7-98602
電話　営業部　03(3207)1916

印　刷　中央精版印刷　　製　本　大口製本

ISBN978-4-413-23201-2 C0030